Margery (Gred)

Un conte du vieux Nuremberg (Volume 4)

Georg Ebers

(Traducteur : Clara Bell)

Writat

Cette édition parue en 2024

ISBN : 9789359945873

Publié par
Writat
email : info@writat.com

Contenu

CHAPITRE XV. ....- 1 -
CHAPITRE XVI. ....- 10 -
CHAPITRE XVII. ....- 17 -
CHAPITRE XVIII. ....- 28 -
SIGNETS DE L'EDITEUR ETEXT : ....- 41 -

CHAPITRE XV.

Nous sommes arrivés au refuge forestier ce soir-là, le visage rouge et les mains et les pieds à moitié gelés. La balade à travers la neige épaisse et le vent glacial de décembre avait été difficile ; mais les bois dans leur linceul hivernal scintillant, le souffle vif et rafraîchissant de l'air pur et mille choses insignifiantes - depuis les chapeaux blancs qui couronnaient chaque bois et chaque pierre jusqu'aux minuscules cristaux de neige qui tombaient sur le velours vert de ma fourrure. - le corsage doublé - étaient une joie pour moi, même si mon cœur était lourd de soucis. L'étoile du soir s'était levée lorsque nous arrivâmes à la maison ; et ici, sous les cieux ouverts de Dieu, parmi les géants de la forêt et ses habitants robustes et battus par les intempéries, il semblait difficilement possible que je voie ma jeune et brillante Ann partager la triste vie du Magister, un étranger à toutes les joies de ce monde. Ceux qui habitaient ici dans ces contrées sauvages devaient, pensais-je, ressentir cela comme je l'ai ressenti ; et c'est ce qui s'est effectivement avéré. Après que j'eus pris place près du foyer à côté de ma tante, et qu'elle nous eut mélangé du vin épicé de ses propres mains, elle me fit parler. Lorsqu'elle apprit ce qui m'avait amené à sortir dans la forêt si tard avant Noël, que nous passions toujours avec notre grand-oncle Im Huff, elle ne fit d'abord que rire du costume de notre Magister ; mais dès que je lui ai dit que Ann avait l'intention sérieuse de se marier avec lui, elle a juré qu'elle ne souffrirait jamais d'un tel acte de folie.

Maître Peter avait été son hôte à plusieurs reprises à la loge ; et elle, bien que si petite et si faible elle-même, aimait voir des hommes grands et robustes, de sorte qu'elle lui avait donné le nom de « petit rat de bibliothèque sec », ce qui ne faisait guère de lui un homme. Lorsqu'elle entendit parler de sa nouvelle richesse, elle dit : « Si, au lieu d'être plus riche de ces milliers, il pouvait avoir le même nombre d'années de moins, soulever un quintal de plus et voir cent milles plus loin dans le monde, Cela ne me dérangerait pas qu'il cherche son bonheur avec cet adorable enfant ! »

Quant à mon oncle, il s'est contenté de fredonner une grosse basse sur l'air de la « Petite femme ». Mais, rappelé, il se tourna vers moi avant de refermer la porte derrière lui, et me demanda très vivement, comme s'il avait retenu quelque temps son impatience : « Et ton frère ? Comment se fait-il que cette affaire en soit arrivée ? " Herdegen n'était-il pas promis d'épouser Ann ? "

Là-dessus, je dis à ma tante tout ce que je savais et lui fis lire la lettre de Herdegen , que j'avais eu soin d'apporter avec moi ; et même pendant qu'elle le lisait, son visage devenait sombre et effrayant à regarder ; elle serra les dents comme un chien enragé et frappa de sa petite main la table qui se trouvait à côté de son canapé, de sorte que les tasses et les fioles qui y étaient posées dansèrent et claquèrent. Bien plus, elle oublia sa faiblesse et fit semblant de se relever, mais la douleur était plus qu'elle ne pouvait supporter et elle retomba sur ses oreillers en gémissant.

Elle n'avait jamais aimé mon grand-oncle Im Hoff et, dès qu'elle se serait rétablie, elle jura de mettre fin à son métier et de faire également connaître à son neveu, maintenant à Paris, son opinion sur son infidélité fripone. gage sacré.

Je lui ai ensuite raconté à quel point la vie d'Ann était devenue dure et tout à fait insupportable, et j'ai finalement pris le courage de lui dire qui était l'homme qu'elle appelait maintenant son beau-père. À cela, elle ne dit pas un mot d'abord, mais baissa les yeux comme si elle était quelque peu confuse ; mais aussitôt elle me demanda pourquoi et comment il se faisait qu'elle n'avait pas entendu parler de ce mariage depuis longtemps, et quand je lui dis que les gens pour la plupart avaient peur de prononcer le nom de Maître Ulman Pernhart en sa présence, elle reprit brusquement : et m'a crié au visage qu'en vérité elle avait interdit toute mention de ce scélérat et de ce caillou qui avait profité de la jeunesse et de l'innocence de son fils pour détourner son cœur de ses parents et l'amener à la destruction.

Et cela m'a amené, pour la première fois de ma vie, à briser le respect que je devais à la vénérable dame, qui méritait si bien d'être respectée et épargnée de toutes les manières ; car j'ai eu l'audace de lui faire remarquer sa cruelle injustice et de plaider la cause de maître Ulman avec un zèle sincère. Pendant quelque temps , elle resta muette de colère et d'étonnement, car elle n'avait pas l'habitude d'être ainsi réprimandée ; mais ensuite elle m'a remboursé la même pièce de monnaie ; un mot retentissait après l'autre, et ma colère montante me hâta, si bien qu'enfin je lui dis clairement que maître Pernhart avait chassé son fils Gotz dehors pour l'empêcher de violer l'obéissance qu'il devait à ses parents. En outre , je lui ai raconté tout ce que la mère du chaudronnier m'avait raconté sur la tentative d'enlèvement de Gertrude et quelle en avait été la fin. En effet, dès que le contremaître eut trahi le complot des amoureux, maître Ulman avait enfermé sa fille dans sa chambre ; et quand son amant, après l'avoir attendue en vain à l'autel avec le prêtre mercenaire, vint enfin la chercher, son père lui dit qu'à moins qu'il – Gotz – ne mette fin à son procès, il devrait exercer son autorité de père pour contraindre Gertrude d'épouser le contremaître et de l'accompagner à Augsbourg, ou de lui laisser le choix de prendre le voile. Et cela, il le confirma par un serment solennel ; et lorsque Gotz , comme un fou, s'efforçait de faire valoir sa prétention de voir sa bien-aimée et de savoir de sa propre bouche si elle voulait céder au joug de son père, ils en vinrent aux mains, même dans l'escalier qui conduisait à la maison de Gertrude. chambre, et il y eut une bataille acharnée, qui aurait pu se terminer dans le sang si cette vieille dame

Madeleine elle-même s'était interposée entre eux pour les séparer. Et puis Maître Ulman avait juré à Gotz qu'il garderait sa fille en captivité à moins que le jeune homme ne s'engage à cesser de voir Gertrude jusqu'à ce qu'il ait obtenu le consentement de ses parents. Alors Gotz partit pour un pays étranger ; mais il n'oubliait pas sa bien-aimée, et de temps en temps une lettre lui parvenait l'assurant de sa fidélité.

Au bout de trois ans après son départ, il écrivit enfin au chaudronnier qu'il avait trouvé un poste qui lui permettrait de se marier et d'établir sa maison et il supplia directement Maître Ulman de ne plus séparer deux personnes qui ne pourraient jamais être séparées. Pernhart ne tarda pas non plus à lui répondre, même s'il avait du mal à utiliser la plume, dans la mesure où il n'y avait rien d'autre à dire que Gertrude dormait sous le gazon avec la bague de son amant au doigt et les dernières violettes qu'il lui avait jamais offertes. sous sa tête, comme elle l'avait désiré.

Ainsi finit l'histoire de la pauvre Gertrude ; mais avant que je l'aie à moitié dit, ma colère s'était calmée. Car ma tante était assise en silence, m'écoutant avec une attention dévote. Mes yeux n'étaient pas non plus secs, ni même ceux de cette dame volontaire, et quand, à la fin, je dis : « Eh bien, tante ? elle s'éveilla comme d'un rêve et s'écria : « Et pourtant ces artisans m'ont volé mon fils, mon unique enfant !

Et elle sanglotait à haute voix et cachait son visage dans ses mains, tandis que je m'agenouillais à côté d'elle, que je passais mes bras autour d'elle, que j'embrassais ses doigts maigres qui lui couvraient les yeux et que je disais doucement, comme par inspiration : « Mais l'artisan aimait son enfant ; oui, et c'était une jeune fille douce et charmante, la plus belle de toute la ville, et la fierté de son père. Et qu'est-ce qui l'a arrachée si tôt, sinon qu'elle se languissait de votre fils ? Gotz pourrait bientôt être rappelé à les bras de sa mère ; mais le chaudronnier ne reverra peut-être jamais son enfant – la belle Gertrude, comme les gens l'appelaient – ne la reverra plus jamais. Et il aurait pu se réjouir en sa présence jusqu'à ce jour si… "

Elle m'interrompit avec des paroles et des gestes d'avertissement, et comme je ne cessais néanmoins de la supplier de ne plus endurcir son cœur, mais de lui faire revenir son fils, qui était son trésor le plus précieux, elle m'ordonna de la quitter. chambre. Je dois obéir à un tel commandement, que je le veuille ou non ; bien plus, tandis que je restais un moment à la porte , elle me fit signe de partir ; mais, comme je me détournais, elle m'a crié : « Va et laisse-moi, Margery. Mais tu es une bonne enfant, je te le dirai !

Au souper, que je partageais seul avec mon oncle et l'aumônier, je dis à mon oncle que j'avais parlé à sa femme de maître Pernhart , et quand on apprit que j'avais même dit une bonne parole pour lui, il me regarda comme si J'avais fait une bonne action audacieuse; pourtant je pouvais voir qu'il en était très content, et le prêtre, qui était resté silencieux, comme toujours, me lança un regard de sincère remerciement et ajouta quelques mots de louange. Le souper était long après, et mon oncle avait bu sa gorgée de vin du soir lorsque ma tante envoya la gouvernante me chercher. Gentiment et doucement, comme si elle mettait ma colère passée sur une bonne intention, elle m'a demandé de m'asseoir près d'elle et a ensuite demandé que je lui répète encore une fois, dans les moindres détails, tout ce que je pouvais lui dire sur Gotz et Gertrude. . Pendant que j'exécutais ses ordres au mieux de mes capacités , elle ne prononçait jamais un mot ; mais quand j'eus fini, elle releva la tête et dit comme dans un rêve : « Mais Gotz ! N'a-t-il pas abandonné son père et sa mère pour suivre une belle figure ?

Là encore, je l'ai priée sincèrement de céder aux émotions du cœur de sa mère. Mais à voir son regard fixe dans le vide et la moue prononcée de sa lèvre inférieure, je ne pouvais douter qu'elle ne prononcerait jamais le mot qui le rappellerait chez lui.

J'ai senti un frisson dans mon dos et j'étais sur le point de me lever et de partir, mais elle m'a retenu et a parlé une fois de plus d' Herdegen et de tout le reste. Lorsqu'elle eut entendu toute l'histoire, elle parut troublée : « Je connais mon Ann », dit- elle. "Quand elle aura une fois donné sa promesse au Bookworm, tous les douze apôtres ne l'obligeront pas à la rompre, et alors elle sera vouée à la misère, et son sort et celui de votre frère seront tous deux scellés."

Elle a ensuite demandé quand le Magister devait rentrer chez lui, et comme je lui ai dit qu'il était attendu pour le lendemain, de grands ennuis l'ont frappée.

Il était minuit passé ou je l'ai quittée, et comme il tombait , je ne dormais que malade et tard, à tel point que j'étais obligé de me dépêcher, et comme il tombait, je me dirigeais vers la fenêtre, je vis la neige tourbillonner dans le vent. et voici, dans le hangar, on préparait un grand traîneau en bois, sans doute pour que quelque malade soit transporté au couvent.

Je trouvai ma tante dans le hall, où elle n'était presque jamais portée avant midi ; et au lieu de son costume de tous les jours — une ample robe du matin — — elle était vêtue de vêtements étranges et informes, tellement emmitouflés dans des foulards et des manteaux qu'ils ne ressemblaient en rien à aucune femme vivante, et encore moins à elle-même, à tel point que sa petite taille mince. Cette personne ne ressemblait à rien d'autre qu'à un énorme oignon informe et aux nombreuses couches. Son petit visage ressortait des voiles et des foulards qui enveloppaient sa tête, comme une demi-lune au milieu d'épais nuages ; mais ses yeux brillants brillaient sur moi avec bonté tandis qu'elle criait : « Viens vite prendre ton petit déjeuner, couche-toi ! Je pensais te trouver équipé et prêt, et tu fais attendre les hommes comme si c'était une routine quotidienne. importe que nous voyageions ensemble.

"Oui, oui ! Elle est déterminée à partir en voyage", dit mon oncle avec un gémissement, en jetant un regard affectueux sur sa frêle épouse et en levant ses mains jointes vers le ciel. "Eh bien, aumônier, les miracles se produisent même de nos jours !" Et Son Révérend, tout silencieux qu'il était, avait cette fois une réponse toute prête, en disant avec une émotion chaleureuse : « Le cœur aimant d'une femme courageuse a toujours su faire des miracles.

"Amen", dit mon oncle en pressant ses lèvres sur la tête étouffée de sa femme.

Cependant, je me souvenais de notre conversation d'hier et du traîneau que j'avais vu attelé ; en effet, le seul regard que me jetait ce voyageur inhabituel suffisait pour me dire ce que ma tante maladive avait l'intention de faire pour le bien d'Ann. Puis quelque chose m'est arrivé, je ne sais quoi ; avec une passion différente de celle d' hier , je suis tombé à genoux et je l'ai embrassée comme une enfant dont la mère a fait comme cadeau de Noël ce qu'elle aime le plus et souhaite avoir, tandis que mes lèvres étaient pressées contre ses yeux, son front et joues, là où les bandelettes ne les couvraient pas, et elle s'écria :

"Laisse-moi, laisse-moi, enfant fou ! Tu m'étouffe. Qu'est-ce que cela est grave après tout ? Une femme va à travers la neige jusqu'à Nuremberg pour bavarder avec une autre, et qui tourne la tête pour la regarder " Maintenant, idiote, laisse-moi tranquille. Quelle tâche pour rien du tout ! "

Comment j'ai mangé mon porridge en un clin d'œil, puis j'ai sauté dans le traîneau, je pouvais à peine le dire, et en vérité, je n'ai pas remarqué grand-chose de notre départ ; mes yeux étaient pleins de larmes. Tassé tout près de ma tante, alors qu'elle occupait les trois quarts du siège, je volais avec elle au-dessus de la neige ; nous n'avions pas non plus besoin d'une grande suite à cheval pour nous tenir compagnie, dans la mesure où mon oncle marchait en tête, et les Buchenauer , les Steinbacher et autres voleurs de grand chemin qui rendaient les routes dangereuses autour de Nuremberg, vivaient tous en paix avec l'oncle Waldstromer pour le bien. de la fusillade.

Lorsque nous sommes arrivés en ville et que j'ai demandé au cavalier de nous emmener au Schopperhof , ma tante a dit : "Non, chez Ulman Pernhart , le chaudronnier."

A ces mots, le vieux serviteur fidèle, qui avait entendu de nombreuses rumeurs sur les relations de son jeune maître banni avec la belle fille de l'artisan, et qui était dévoué à Gotz , marmonna le nom de son saint protecteur et regarda autour de lui comme si quelque égorgeur géant était prêt à sortir des broussailles et à tomber sur le traîneau ; et, en fait, je ne pouvais pas non plus complètement m'empêcher de m'étonner. Cependant je me reprenais aussitôt et lui faisais remarquer qu'il ne lui convenait guère d'entrer pour la première fois dans une maison étrangère dans un tel habillement. D'ailleurs, Akusch avait été envoyé devant pour annoncer sa venue à la cousine Maud. Je pourrais envoyer chercher Ann ; car, en effet, il convenait à elle, la plus jeune, de servir ma tante.

Mais elle tenait à sa volonté de se rendre chez Maître Ulman ; pourtant, alors que les foulards et les écharpes lui étaient un inconfort, elle accepta de les déposer d'abord chez nous.

La cousine Maud la pressait presque de force de se reposer, de manger et de boire ; mais elle refusa tout ; bien que tout fût prêt et brûlant ; jusqu'à ce que, comme le destin l'a voulu, alors qu'elle était transportée vers le bas et à nouveau, le Magister revint de son voyage à Nordlingen . Avec ses hautes bottes de fourrure et le lourd bandeau qu'il avait enroulé autour de sa tête pour le protéger du vent hivernal, il ne devait pas être sûr de l'apparence d'un prétendant pour une jeune fille blonde ; et le regard que lui jetait ma tante, moitié moqueur, moitié colère, le regardant de la tête aux pieds, eût dit assez clairement à d'autres hommes que maître Pierre, qui, de son côté, faisait d'elle une droite humble et bien portante : discours transformé : "Attends un peu, jeune homme ! Je suis là maintenant ! Et si tu trouves une puce dans ton oreille, tu dois m'en remercier !"

Vêtue maintenant comme il convenait à une dame de son grade, d'un manteau de fourrure et d'une capuche, elle fut emportée dans la litière bien fermée de la cousine Maud. J'avais envoyé Akusch chez Ann avec un mot, mais il ne l'avait pas trouvée à l'intérieur et m'attendait dans la rue ; il s'avéra donc que personne chez les Pernhart n'était au courant de ce qui les attendait.

Alors que les porteurs déposaient la litière, tante Jacoba regarda la belle maison devant laquelle nous nous trouvions et demanda ce que cela pouvait signifier, alors que cela faisait sept ans qu'elle n'était pas dans la ville et que la nouvelle demeure du maître n'était pas à ce moment-là. le temps construit. Elle fut aussi très étonnée de trouver un artisan dans une si grande maison. Mais de meilleures choses allaient arriver : alors que j'allais frapper à la porte, celle-ci s'ouvrit, et cinq messieurs du Conseil, tous hommes du premier rang parmi les Anciens de la ville, apparurent sur le seuil, et Maître Pernhart au milieu d'eux. . Ils lui serraient la main comme à l'un d'entre eux, et il les dominait tous ; bien plus, s'il ne s'était pas tenu là comme il sortait de la forge, dans son tablier de cuir, avec son bonnet de forgeron à la main, n'importe qui aurait pu le concevoir comme le chef de tous.

Or ces messieurs étaient venus voir maître Pernhart pour lui annoncer qu'il avait été choisi l'un des huit gardiens des guildes qui faisaient alors partie du vénérable conseil municipal de quarante-deux personnes. Veit Gundling , le vieux maître brasseur, avait récemment quitté cette vie, et les électeurs avaient été d'accord en choisissant le chaudronnier pour le remplacer, et il était également approuvé par les corporations. Ils étaient venus le voir immédiatement, bien que leur choix ne serait déclaré que le jour de la Saint-Walpurgis , dans la mesure où il était jugé bon de régler l'affaire avant la fin de la vieille année.

ainsi que ma tante fut témoin pendant qu'ils prenaient congé, et il leur rendit grâce en quelques paroles sincères. Celles-ci, certes, furent interrompues par sa venue, parce qu'elle était bien connue de ces cinq nobles messieurs, qui tous, comme par devoir, l'assurèrent de leur surprise et de leur plaisir de la saluer une fois de plus, ici dans la ville.

que la dame faible et souffrante était venue chez Pernhart non seulement pour commander un couvercle en cuivre ou une marmite à conserves, mais qu'elle avait coupé court à toute inquisition, et que les détritus furent immédiatement transportés par la porte grande ouverte.

Le maître la reçut dans le hall.

Il ne l'avait jusqu'alors vue que de loin, mais il en avait suffisamment entendu parler pour se faire une image nette d'elle. Avec elle, c'était pareil. Elle voyait pour la première fois ici, sous son propre toit, cet homme à qui elle devait une rancune si amère, et c'était vraiment étrange de les voir se regarder avec autant d'attention ; lui avec un léger salut, presque timidement, et une casquette à la main ; elle était sans vergogne, mais avec une expression comme si elle savait bien que rien d'agréable ne l'attendait.

Le maître parla le premier, lui souhaitant la bienvenue dans sa demeure, avec des accents de vérité mais avec tout le respect que je lui dois, et sans jamais en parler, comme c'est l'habitude de sa classe, comme « humble » ou « pauvre », et comme il était sur le point de le dire. pour l'aider à sortir de la civière , je pouvais voir son visage s'éclairer, et cela m'a assuré qu'elle laisserait le passé derrière lui, comme on dit, et déclarerait à maître Pernhart en termes clairs dans quelle intention et dans quel but elle avait frappé à sa porte. Au moment où elle arriva dans la meilleure chambre, la dernière boucle aigre avait disparu de sa bouche ; et en effet, tout y était bien et convenablement ; Dame Giovanna est très habile à donner aux choses une apparence soignée et agréable à l'œil.

Pernhart, quant à lui, n'avait pas dit grand-chose, et son visage était encore sombre, presque solennel. La mère du maître encore, pour qui Gertrude avait été tout à fait et qui avait fait ce qu'elle pouvait pour hâter son mariage, pouvait lire dans le cœur de l'autre femme et comprenait combien grand avait été le sacrifice qu'elle s'était fait. Il n'y avait aucune trace de l'ancienne rancune dans son discours, et cela n'avait pas l'air mal quand, tout en redressant les coussins de ma tante, elle disait qu'elle ne pouvait pas l'envier, dans la mesure où elle, l'aînée, était ainsi autorisée à rendre service au plus jeune. . Lorsque Pernhart quitta la chambre, peut-être pour revêtir une tenue plus convenable, les deux vieilles femmes étaient assises en causant avec enthousiasme ; et si la dame était maigre et maladive et la mère de l'artisan grosse et robuste, il y avait pourtant entre eux de nombreux points de ressemblance. Tous deux, c'est certain, aimaient régner, et tandis que je les regardais, voyant chacun tirer sa lèvre inférieure si l'autre disait un mot pour la contrarier, je trouvais que c'était du bon sport ; mais en même temps , j'étais étonné d'entendre avec quelle vérité la vieille dame Pernhart comprenait et parlait d'Ann. J'avais en effet jusqu'ici vu bien des choses chez mon ami avec d'autres yeux, et pourtant je ne pouvais accuser cette bonne femme d'injustice, ni nier que la belle-fille du chaudronnier, pour me connaître et pour nous fréquenter, avait grandi avec des manières et des désirs différents de ceux d'une fille de commis ou même d'un artisan.

Même si elle s'efforçait de cacher son profond malaise, dit la vieille femme, elle ne pourrait en aucun cas y parvenir. Une maisonnée était un corps, et tout membre qui ne pouvait pas se contenter de ses habitudes était mal à l'aise avec les autres et leur rendait difficile de lui rendre autant de services et de plaisirs qu'ils le souhaiteraient. Ann remplissait tous ses devoirs, jusqu'au moindre d'entre eux, parce qu'elle avait un esprit inébranlable et une grande domination sur elle-même ; mais elle reçut de petits remerciements, et par sa propre faute, dans la mesure où elle le fit sans joie. Attendre d'elle une joie éclatante, c'était chercher des raisins sur un bouleau ; et tandis que la grand-mère avait espéré jusqu'à tout récemment trouver dans cette douce servante quelqu'un qui pourrait remplacer celle qui n'était plus, elle ne pouvait plus que souhaiter de pouvoir trouver un autre foyer.

Ma tante accepta tout cela et peu après, lorsque Pernhart entra, vêtu de son costume de vacances – un homme bon et bien équipé pour sa nouvelle dignité, tante Jacoba m'a demandé d'aller chercher Ann. J'ai vu qu'elle désirait mon absence pour pouvoir s'occuper seule de la mère et du fils, alors je suis parti en toute hâte et je suis resté dans les chambres hautes avec les enfants jusqu'à ce que j'aperçoive Ann et sa mère venant vers la maison. J'ai couru à leur rencontre et voilà ! Alors que nous entrions tous les trois dans la chambre d'amis, Pernhart était en train de se pencher sur la main de ma tante pour la porter à ses lèvres, et des larmes brillaient dans ses yeux ainsi que dans ceux des femmes ; bien plus, ils furent si émus que personne n'entendit la porte s'ouvrir, et la vieille femme se crut seule avec son fils, tandis qu'elle criait à ma tante : « Oh, pourquoi le Ciel n'a-t-il pas daigné vous guider jusqu'à nous, il y a quelques années ! "

Ma tante se contenta de hocher la tête en silence, et dame Madeleine prit sans doute cela pour un assentiment ; mais j'ai lu plus que cela sur son visage, et quelque chose comme ceci : « Nous nous sommes profondément blessés, et je suis reconnaissant que tout soit passé et pardonné ; Mettez-vous à cœur, je n'aurais pas plus cédé aujourd'hui qu'à cette époque-là.

CHAPITRE XVI.

Ann regarda avec douceur lorsqu'elle dit à ma tante qu'elle se sentait honteuse de la grande bonté de cœur qui avait amené la faible dame à travers la forêt dans le froid hivernal pour elle, et elle embrassa la petite et mince main avec un profond baiser. sentiment; et même la femme plus âgée se détendit et exprima librement devant sa préférée toute la chaleur de son cœur, qu'elle n'avait pas l'habitude de montrer. Elle avait dit aux Pernhart quelles étaient les craintes qui l'avaient amenée dans la ville, la chambre fut donc bientôt vidée, et le maître rappela Maîtresse Giovanna après que ma tante eut exprimé son admiration pour ses charmes rares.

Comme moi aussi je me préparais à prendre ma retraite, ce qui me paraissait convenable, tante Jacoba m'a fait signe de rester. Ann a également compris ce qui avait amené son amie malade à elle, et elle m'a murmuré que même si elle était profondément reconnaissante pour l'abondante bonté que ma tante lui avait toujours témoignée, elle ne pourrait jamais s'écarter de son objectif bien réfléchi. A cela, je pus seulement répondre que sur un point au moins elle devait changer d'avis, car pour cela je savais avec certitude que la vieille grand-dame Pernhart l'aimait vraiment. À cela, elle s'écria avec joie et gratitude : « Oh, Margery ! si seulement cela était vrai !

Dès que nous fûmes ensemble tous les trois, ma tante entra immédiatement dans le vif du sujet, disant franchement dans quel but elle était venue ici, qu'elle savait tout ce qu'Ann avait souffert à cause d' Herdegen et combien elle l'avait bien pris. et qu'elle avait maintenant décidé de se marier avec le Magister.

Et tandis qu'Ann intervenait ici avec un résolu "Et ça, je le ferai!" ma tante lui a dit qu'elle devait partir avec l'un ou qu'elle s'en prendrait à l'autre amant. Herdegen s'était présenté devant Maître Peter et la première question était de savoir comment les choses se passaient pour lui.

Alors Ann la supplia humblement de ne rien demander à son sujet ; si ma tante l' aimait , elle s'abstiendrait de toucher à la blessure à peine cicatrisée. C'est tout ce qu'elle a dit, bien qu'avec douleur et chagrin ; mais son amie ne fut pas émue, mais s'écria : « Et est-ce que je ne remercie pas Maître Ulsenius quand il enfonce sa sonde au cœur de mon mal, quand il le coupe ou le brûle ? N'avez-vous pas volontiers approuvé sa parole selon laquelle la sangsue devrait ne désespérez jamais tant que le cœur du malade palpite encore ? Eh bien, votre problème avec Herdegen est malade et douloureux et est très profond ... "

Mais Ann intervint de nouveau en criant : "Non, non, noble dame, le cœur de cette affaire a cessé de battre. Il est mort et disparu pour toujours !"

"Est-ce vrai ?" dit froidement ma tante. " Pourtant, regarde-le bien en face. Old Im Hoff — j'ai lu la lettre — ordonne à ton amant de t'abandonner et de faire ce qu'il veut. Pourtant, mon enfant, prend-il bien soin de ne pas t'écrire ceci. Le trouver Trop difficile de le dire lui-même, il laisse la tâche à Margery. Et quant à cette lettre, une plaisanterie de Carême, je l'appelais hier, et elle est ainsi en vérité ! Relisez-la une fois de plus. Eh bien, elle est aussi dégoulinante d'amour qu'un vêtement . coule quand on le pêche dans une piscine ! Pendant qu'il essaie de vous fermer la porte , il vous serre contre son cœur. Peut-être que son amour n'a jamais brillé avec autant d'ardeur, et il n'a jamais été aussi fortement attiré par vous que lorsqu'il a écrit ce dérisoire des trucs pour briser les liens sacrés qui vous lient ensemble. Êtes-vous assez ennuyeux pour ne pas ressentir cela ?

"Non, je le vois bien", s'écria Ann avec empressement, "je le savais quand j'ai lu la lettre pour la première fois. Mais c'est précisément le point ! Un amant qui peut troquer son amour contre un gain crasseux ne doit-il pas être vraiment vil ? Si quand il avait cessé d'être fidèle , il avait également cessé d'aimer, si l'inconstant Fortunatus s'était lassé de sa bien-aimée - alors je pourrais bien plus facilement pardonner.

"Et est-ce que tu me dis que ton cœur a déjà palpité d'un véritable amour pour lui ?" » demanda son amie avec étonnement, et en la regardant attentivement dans les yeux comme si elle s'attendait à ce qu'elle dise non. Et quand Ann s'écria : « Comment peux-tu même poser une telle question ? Ma tante poursuivit : "Alors tu l'aimais ? Et Margery me dit que toi et elle avez conclu un étrange pacte pour rendre les autres heureux. Deux jeunes filles qui osent penser qu'elles peuvent jouer au Dieu Tout-Puissant ! Et le Magister, Je conçois que vous deviez être le premier à qui vous proposez d'être un sacrifice volontaire, peu importe ce qu'il vous en coûtera ? Voilà où en sont les choses ?

Ann n'était plus aussi prête à acquiescer, et ma tante murmura quelque chose que je ne pouvais pas entendre, comme elle avait l'habitude de le faire quand quelque chose la frottait contre le grain ; puis elle dit avec emphase : « Mais mon enfant, ma pauvre enfant, l'amour, l'orgueil blessé et le chagrin ont transformé ton cœur et ton bon sens. Je suis une vieille femme, et je remercie Dieu de pouvoir y voir plus clair. C'est réel. , véritable amour, agréable au Père, au Fils et au Saint-Esprit, ainsi qu'à la Vierge miséricordieuse et à tous les saints qui vous protègent, qui vous a lié, vous et Herdegen , depuis votre enfance. Lui, bien qu'infidèle et pécheur, porte toujours son amour dans son cœur et vous n'avez pas pu déraciner le vôtre et le chasser. Il a fait le pire, et en le faisant - rappelez-vous sa lettre - en le faisant, dis-je, il a déjà empoisonné sa propre jeune vie. Dans cette Babel qu'on appelle Paris, il ne fait que chanceler d'un plaisir à l'autre. Mais combien de temps cela peut-il durer ? Ne voyez-vous pas, comme je le vois, que le jour viendra où, écœuré et en horreur de toutes ces folies, il se croira le plus misérable sur la terre, et qu'il cherche autour de lui le rivage ferme, comme le fait un marin ballotté en pleine mer dans un navire qui fuit, il se souviendra alors de son passé, de son enfance et de sa jeunesse, de son amour pur et du vôtre. Alors vous-même, vous, Ann, serez l'île-havre de paix à laquelle il aspirera. Alors... oui, mon enfant, c'est vrai, tu seras la seule créature qui puisse l'aider ; et si vous avez vraiment envie de créer le bonheur – si votre amour est aussi vrai que – il n'y a pas si longtemps – vous l'avez déclaré, à genoux devant moi et avec des larmes brûlantes, c'est lui, et non Maître Peter, qui doit être le premier sur qui vous devriez réaliser vos rêveries, car je ne sais quel autre nom donner à de si vaines imaginations.

À cela, Ann sanglotait à haute voix et se tordait les mains en criant : « Mais il m'a rejetée, m'a vendue pour de l'or et de l'argent. Puis-je, moi qu'il a jeté dans la poussière, chercher à le poursuivre ? ma servante, si je le rappelais auprès de moi ? Il est heureux, et il le sera encore pendant de très longues années, au milieu de ses compagnons téméraires ; si le moment dont vous parlez venait un jour, très honorable dame, même alors, il s'en soucierait. pas plus pour Ann, flétrie et fanée, que pour la bravoure élimée dans laquelle il s'est autrefois paré. Quant à moi et à mon amour, aussi chaleureusement qu'elle brillera toujours dans ma poitrine, aussi longtemps que je vivrai et respire, il n'aura jamais besoin dans la vie de plaisir dans laquelle il se prélasse. Ce n'est pas en vain que j'imagine que j'ai fait mon but, et si je veux apporter de la joie aux misérables , je dois en chercher d'autres que lui.

"Très bien," dit ma tante, "si toutefois votre amour n'est ni plus digne ni meilleur que le sien."

Et du sein de la malheureuse servante, les mots s'échappèrent : « C'est en vérité et effectivement vrai, digne et profond ; jamais amour n'a été plus vrai... »

"Jamais?" répondit ma tante en la regardant d'un air interrogateur. "N'avez-vous pas entendu parler de l'amour dont parle l'Écriture ? L'amour qui est capable et prêt à tout endurer."

Et me vinrent à l'esprit les paroles de l'Apôtre que la Chartreuse avait gravées dans nos mémoires, les brûlant comme étant celles qui, entre toutes, devraient vivre dans le cœur de toute chrétienne ; et tandis que jusqu'alors je m'étais retenu comme il me convenait, je m'avançai maintenant et les dis avec toute la ferveur pieuse de mon jeune cœur, comme suit : « La charité souffre longtemps et est bonne ; la charité n'envie pas ; la charité ne se vante pas d'elle-même, n'est pas enflé ; ne cherche pas ce qui lui revient, ne se laisse pas facilement irriter, ne pense pas au mal ; supporte tout, croit tout, espère tout, supporte tout. »

Pendant que je parlais, Ann, haletante, fixait ses yeux sur le sol, mais ma tante répétait les mots après moi d'une voix claire : « supporte tout, croit tout, espère et supporte tout. » Et elle ajouta avec sérieux : C'est pourquoi crois, espère et endure encore plus longtemps, mon pauvre enfant, et dis-moi en toute vérité : te semble-t-il une moindre action de ramener le pécheur sur la voie de la justice et de la félicité dans ce monde et dans l'autre, que faire l'aumône au mendiant ?

Ann secoua la tête et ma tante poursuivit : « Et s'il y a quelqu'un – permettez-moi de le répéter – qui, par un amour fidèle, pourra un jour sauver Herdegen , même s'il est à moitié perdu, c'est bien vous. Elle lui fit signe, et Ann obéit et tomba à genoux près d'elle, comme elle l'avait fait autrefois dans la cabane forestière. La dame aînée lui embrassa les cheveux et les yeux, et dit plus loin : « Accroche-toi fermement à ton amour, ma chérie. Tu n'as rien d'autre que l'amour, et sans lui la vie est vraiment superficielle, c'est un pur vide. Tu ne le trouveras jamais dans le domaine du Magistère. armes, et que votre cœur est sûr de ne pas épouser à tout prix un homme aisé ... »

Mais elle ne termina pas son discours, dans la mesure où Ann leva d'un air implorant ses grands yeux en signe de léger reproche, comme pour se défendre d'une blessure. Ma tante la réconforta donc avec quelques paroles aimables, puis la réprimanda ainsi : « En vérité, ce n'est pas l'amour qui vous manque, mais la confiance patiente. J'ai entendu dire par Margery ici quelles amères déceptions vous avez endurées. Il est certes difficile au cœur frappé de chercher un nouveau printemps pour la moisson flétrie de la joie. Mais regardez-vous mon bon mari. Il ne cesse de semer des glands, même s'il sait qu'il ne lui sera jamais donné de les voir pousser jusqu'à la hauteur. beaux arbres, ou à en tirer quelque profit. Apprenez aussi à posséder votre âme dans la patience, et n'oubliez pas que, si Herdegen se perd, on vous posera la question : " Lui avez-vous tendu la main ? " alors qu'il était encore temps de le sauver, ou lui avez-vous retiré votre amour et votre faveur dans une timide impatience au premier coup ?

Les derniers mots tombèrent solennellement et sérieusement des lèvres de ma tante et frappèrent Ann au cœur ; elle a avoué qu'elle s'était souvent dit les mêmes choses , mais alors l'orgueil vierge s'était enflé en elle et lui avait interdit de prêter l'oreille à la voix d'avertissement ; et néanmoins personne n'avait parlé si souvent ni si fort dans son âme, de sorte que le désir le plus profond de son cœur répondait à ce que son amie avait dit.

"Alors exécutez ce qu'il veut", dit ma tante avec empressement, et je dis la même chose ; et Ann, non seulement rejetée mais également convaincue, céda et avoua que, même en tant qu'épouse de maître Peter, elle n'aurait jamais pu tuer le vieil amour, et se déclara prête à renoncer à son orgueil et à sa colère.

Ainsi l'amour fidèle de ma tante l'avait-elle préservée du péché, et j'ai volontiers consenti à son esprit courageux lorsqu'elle a dit à Ann : « Tu dois te réserver pour cet esprit stupide de Paris, mon enfant ; car nul autre que lui ne peut te faire à juste titre heureux, et il ne peut pas non plus être heureux avec une autre femme que ma vraie et fidèle chérie ! »

Ann couvrait les mains de ma tante de baisers, et les mots coulaient chaleureusement et joyeusement de ses lèvres alors qu'elle criait : « Oui, oui, oui ! C'est vrai ! Et s'il me battait et me méprisait, s'il tombait si profondément qu'aucun homme je me jetterais à sa poursuite, je, je, je ne le laisserais jamais couler. »

Et puis Ann s'est jetée à mon cou et a dit : « Oh, comme mon cœur est à nouveau léger. Ah, Margery ! maintenant, quand j'ai envie de prier, je sais assez bien pour quoi faire.

Les yeux sombres de ma tante avaient rarement brillé avec autant d'éclat qu'à cette heure, et sa voix était plus claire et plus ferme qu'à son habitude lorsqu'elle s'adressait de nouveau à nous et nous disait : « Et maintenant, la vieille femme va finir en vous racontant une petite histoire pour Vous connaissiez Riklein , la vieille fille, que les gens appelaient la vieille fille de la nuit ; et n'était-elle pas une âme juste, aimante et joyeuse ? Pourtant, elle n'avait pas connu de petits chagrins . Elle est décédée récemment, le jour de la Saint Damase , hier. Et l'histoire que j'ai à raconter la concerne : on l'appelait la vieille fille de nuit, parce qu'elle restait souvent assise à son volant jusque tard dans la nuit pour gagner de l'argent qu'elle recevait à raison de trois liards la bobine. Mais ce n'était pas par cupidité que le vieux corps était si désireux d'obtenir de l'argent.

"Dans sa jeunesse, elle avait été l'une des servantes les plus soignées du monde entier, et elle avait jeté son dévolu sur un charbonnier qui était vraiment un mauvais coquin, un voleur de moutons et un coquin, qui a connu une mauvaise fin sur la grille. Mais Riklein n'a jamais cessé de l'aimer véritablement et, bien qu'il soit mort et parti, elle n'a pas renoncé à travailler dur pendant qu'elle vivait encore pour lui. Le prêtre lui avait dit que, dans la mesure où son amant avait pris le sacrement de Après la Cène du Seigneur sur l'échafaud, le Royaume des Cieux ne lui était pas fermé, mais il faudrait bien des prières et bien des messes pour le délivrer des feux du purgatoire. Ainsi Riklein , envergure et envergure, jour et nuit, et stocka et lorsqu'elle s'est couchée sur son lit de mort, il n'y a pas longtemps, et que le prêtre lui a donné le Saint-Sacrement, elle a sorti son trésor de dessous son matelas et le lui a montré, lui demandant si cela pourrait suffire pour payer pour ouvrir à Andrés la voie aux joies du Ciel ? Et quand l'aumônier lui dit que ce serait le cas, elle détourna la tête et s'endormit. Alors file ton fil, mon enfant, et que le lin de ta quenouille soit une joyeuse assurance ; et, si jamais votre cœur se serre, souvenez-vous du vieux Riklein ! »

"Et la fille du fermier dans "Pauvre Heinrich", dis-je, "qui a volontiers donné son jeune sang pour sauver son seigneur de la lèpre."

Ainsi ma tante avait atteint sa fin ; mais lorsqu'elle s'efforça d'éloigner Ann de sa maison et de sa famille, et de la garder dans la forêt comme sa propre enfant - ce à quoi maître Pernhart et sa mère donnèrent leur consentement - elle échoua dans sa tentative. Ann était inébranlable dans son désir de rester avec sa mère et ses enfants, et plus particulièrement avec son frère sourd-muet, Mario. Si ma tante avait besoin d'elle à quelque moment que ce soit, elle n'avait qu'à le lui commander, et elle irait volontiers vers elle, dès aujourd'hui, si elle le désirait ; Cependant, pour perfectionner son filage – et par là elle voulait dire qu'elle avait Riklein à l'esprit – elle devait toujours faire sa part pour son propre peuple, en toute bonne conscience.

donc fixé qu'Ann se rendrait au pavillon forestier pour y rester jusqu'à Noël et le Nouvel An, seulement elle avait envie de quelques heures de retard afin de pouvoir dissiper tout doute de l'esprit du Magister. Je m'offris à me charger de cette tâche pénible ; mais elle rejeta complètement cela, et la façon dont elle jugeait juste fut bientôt prouvée par l'attitude de son prétendant rejeté ; dans la mesure où il recherchait toujours sa fidèle servante et l'appelait sa gracieuse collègue de travail. Lorsqu'elle lui eut fait part de sa décision, il jura, presque avec violence, de devenir moine et de céder son héritage à un couvent, mais Ann, avec beaucoup d'éloquence, le supplia de ne pas faire une telle chose et la déposa devant lui. lui la grâce de vivre pour rendre les autres heureux ; elle l'a convaincu de rejoindre notre petite ligue et alors qu'il a avoué qu'il n'était en aucun cas apte à la vie, elle a promis qu'elle chercherait les pauvres et les nécessiteux et ne réclamerait que l'aide de son savoir et de sa bourse. Et quelque temps après, elle lui fit cadeau d'un sac d'aumône sur lequel elle avait gravé les mots : « Ann, à son digne collègue ».

Ici, je dois dire que, non seulement à ma tante, mais à moi aussi, le bon travail que le vieil organiste avait signalé à mon amie semblait une vaine imagination quand il l'avait amenée à accepter un amant qu'elle n'aimait pas. . Mais quand cela est devenu une partie de sa vie, débarrassée de tout sectarisme ou de tout zèle excessif, et que le vieux musicien nous a fait connaître beaucoup de pauvres gens, cela a bien fonctionné et nous avons pu en aider beaucoup , pas seulement avec de l'argent. et de la nourriture, mais aussi de bons conseils et des soins dans les plus grands besoins. Chaque fois que nous pouvions nous adresser au Magister, sa porte et sa bourse nous étaient ouvertes, et peut-être allait-il plus souvent rendre visite et secourir les nécessiteux qu'il ne l'aurait fait autrement, dans la mesure où il trouvait ainsi l'occasion de parler avec son aimable " collègue de travail », de gagner ses éloges et de lui baiser la main, ce qu'Ann était toujours prêt à accorder lorsqu'il avait fait preuve d'un zèle particulier.

Nous étions sans aucun doute une étrange compagnie de quatre personnes : Ann et moi, l'organiste et Maître Peter, et, même si nous n'avions pas beaucoup d'expérience dans les usages du monde, j'ose dire hardiment que nous avons fait plus de bien et séché plus de larmes que bien d'autres. riche abbaye.

Au Nouvel An, j'ai suivi Ann dans la forêt et j'ai aidé à orner la planche du chasseur « avec des filles intelligentes » ; et quand elle et moi sommes rentrés ensemble après le douzième jour, elle a constaté que l'apprenti avancé avait quitté la maison de son beau-père. Non seulement ma tante avait raconté à la vieille dame Madeleine sa mauvaise conduite, mais son père à Augsbourg était mort, et Pemhart pouvait donc le renvoyer chez lui dans la demeure dont il avait hérité sans le déshonorer. Pourtant, après cela, il eut l'audace de poursuivre Ann en justice dans une lettre bien écrite, à laquelle elle lui dit non dans une réponse non moins équitablement écrite.

CHAPITRE XVII.

Un cerveau réfléchi ne pourrait jamais cesser de s'émerveiller des merveilles qui se produisent à chaque pas et à chaque détour, si une réflexion approfondie ne prouvait que les événements étranges ne sont pas moins nécessaires et fréquents dans la chaîne mêlée de notre expérience de la vie que les événements banals et quotidiens. des choses; c'est pourquoi nous laissons pour la plupart aux enfants et aux imbéciles l'émerveillement devant des sujets nouveaux dans notre expérience. Et pourtant, la question s'est posée à maintes reprises dans mon esprit : comment une femme dont le cœur était aussi vraiment à la bonne place que celui de ma tante pouvait-elle rejeter son fils unique à cause d'un mauvais mariage, et malgré cela s'efforcer avec force et détermination de supprimez tous les obstacles qui s'opposent à un autre désaccord de ce type.

Cela m'a en effet rappelé d'autres miracles non moins. Ainsi, après le retour d'Ann, quand j'allais la voir chez Pernhart , je la trouvais souvent assise avec la vieille dame, qui lui racontait beaucoup de choses, et ces choses très secrètes. Un jour, lorsque j'ai trouvé Ann avec la vieille femme dont elle était autrefois si étrangère, elles étaient assises ensemble dans la baie de la fenêtre, les bras l'une autour de l'autre, et se regardaient avec des yeux aimants mais pleins de larmes. Mon entrée les dérangea ; Dame Madeleine avait raconté à sa nouvelle favorite bien des choses concernant la jeunesse de son fils, et il était évident qu'elle se réjouissait de ces souvenirs des plus beaux jours de sa vie, lorsque ses deux beaux garçons avaient toujours été à la tête de leur école. . Son aîné, en effet, avait si bien réussi que le seigneur évêque de Bamberg, en sa personne, avait instamment demandé à son défunt mari de le faire prêtre. Ensuite, le père avait mis Ulman en apprentissage et avait consacré l'aîné, qui autrement aurait dû hériter de la maison d'habitation et de la forge, au service de l'Église, après quoi il avait bientôt atteint une grande dignité.

Personne, certes, n'écoutait aussi bien qu'Ann, l'oreille ouverte à toutes ces histoires, et cela faisait du bien à la vieille dame Madeleine de voir la servante s'agiter avec contentement pour le ménage ; mais son changement d'avis provenait encore d'une autre cause. Ma tante avait accompli un acte noble de pure bonté humaine, de vraie et véritable charité chrétienne, et le rayon lumineux de cet amour qui pouvait entraîner son faible corps dans le froid de l'hiver et jusqu'à la demeure de son ennemi, jetait sa lumière sur ces deux miracles. immediatement. C'est ce qui avait amené la noble dame à rejeter toutes les vanités et les bêtises dans lesquelles elle avait grandi, afin de pouvoir protéger d'un mauvais sort une jeune créature opprimée qu'elle aimait vraiment. Oui, et ce rayon de soleil avait projeté sa lumière au loin dans la maison du chaudronnier, et il avait également éclairé Ann, de sorte qu'elle voyait maintenant la vieille mère de famille sous un nouveau jour.

Lorsque le plus noble et le plus vénéré juge digne de faire un grand sacrifice par pur amour pour un semblable, celui-ci en est pour ainsi dire ennobli ; il ouvre des voies qui étaient auparavant fermées ; Et telle était cette attitude dans le cœur de la vieille dame Madeleine, qui, tout à coup, se rappela qu'elle avait trouvé en Ann tout ce qu'elle avait perdu chez sa petite-fille bien-aimée Gertrude.

Jamais Ann et moi n'avions été plus amies que cet hiver-là, et à bien des choses qui nous liaient, une autre s'ajoutait maintenant : un doux secret, me concernant cette fois, et qui, étrange à dire, nous rapprochait encore plus l'un de l'autre.

Les semaines qui précédaient le Carême arrivaient bientôt à nous ; Ann, cependant, ne participait à aucun plaisir, même si elle était désormais une invitée bienvenue, puisque son beau-père était membre du conseil vénérable. Une seule fois, elle céda à mes supplications et m'accompagna à un bal dans une maison noble ; mais tandis que je sentais que cela troublait sa joyeuse tranquillité d'esprit, bien qu'elle fût traitée avec un grand respect, je ne la dérangeai plus et, pour elle, me retirai dans une certaine mesure de ces réjouissances.

Après Pâques, alors que le printemps était déjà en pleine floraison, mon âme partit également à la recherche de la joie et de l'allégresse, et je vais maintenant raconter la nouvelle merveille qui s'est accomplie dans mon cœur.

Un grand bal devait être donné en l'honneur de certains ambassadeurs de l' empereur Sigismond, venus traiter avec Son Altesse l'Électeur et le conseil municipal de l'Assemblée des États qui devait se tenir cet été à Ratisbonne, au désir de Théodoric, archevêque de Cologne. L'illustre chef de cette ambassade, le duc Rumpold de Glogau en Silésie, avait été reçu en hôte dans une maison où, au printemps même, le fils aîné était revenu de Padoue et de Paris, où il avait pris la dignité de docteur en sciences ecclésiastiques et ecclésiastiques. Les lois civiles avec de grands honneurs, et c'est lui qui a le premier poussé mon jeune cœur au véritable amour.

Enfant, j'avais prêté peu d'attention à Hans Haller, alors que j'étais un garçon tellement plus âgé qu'il négligeait la petite Margery et ne lui plaisait en aucun cas comme le cousin Gotz ; c'est ainsi qu'il m'est apparu comme quelqu'un de nouveau et d'étrange.

Il avait vécu cinq ans dans d'autres pays et la première fois que j'ai regardé dans ses yeux véridiques, j'ai pensé que la servante qu'il devrait choisir d'épouser était née à une heure heureuse.

Mais toutes les mères et filles de rang patricien pensaient sans doute la même chose ; et qu'il me soulève toujours, Margery, étourdie et précipitée, à ses côtés, c'était plus que ce que j'osais espérer. Pourtant, secrètement, je ne pouvais qu'espérer ; car lors de notre première rencontre, il avait paru très content et étonné de me voir si favorisé, et quelques jours plus tard, alors que de nombreux jeunes gens étaient rassemblés chez les Haller , il parla longuement et très gentiment. avec moi en particulier. Ce n'était pas non plus comme si j'étais un enfant immature , comme ces jeunes messieurs ont l'habitude de nous considérer comme des servantes de moins de vingt ans – non, mais comme si j'étais son égale.

Et ainsi il avait mis en lumière tout ce qui se cachait dans mon âme. Je lui avais répondu sur tous les points librement et avec plaisir ; Cependant, entre-temps, j'avais pris garde de ne laisser échapper aucun discours insouciant, estimant que c'était une faveur précieuse d'être bien dans l'opinion d'un gentleman si noble et si érudit.

Et bientôt, au moment de partir, il me prit la main et la serra ; et, tout en m'enveloppant dans mon manteau, il me dit à voix basse que, alors qu'il avait cru difficile de se sentir à nouveau chez lui dans notre petite ville natale, maintenant, si je le voulais, je pourrais rendre Nuremberg aussi cher... bien plus, cela lui était plus cher que jamais auparavant ; et le sang chaud bouillait dans mes veines alors que je le regardais d'un air suppliant et lui disais de ne jamais se moquer de moi ainsi.

Mais il répondit de tout son cœur que c'était une chose sacrée et sérieuse et que, si je voulais faire de lui et de lui-même un foyer des plus heureux de l'humanité, je devais lui appartenir, car dans toutes les terres de la terre il n'avait rien vu. il lui était si cher que l'enfant qu'il avait trouvé devenu une si douce jeune fille, et, dit -il, si je ne l'aimais jamais si peu, ne lui donnerais-je pas quelque petit signe.

Je l'ai regardé dans les yeux, et mon cœur était si rempli que je ne pouvais prononcer que son prénom « Hans », alors que jusqu'alors je l'avais toujours appelé Maître Hailer. Et il me semblait que toutes les cloches de la ville sonnaient joyeusement ; et il comprit immédiatement l'intention de ma brève réponse et murmura des mots justes et affectueux à mon oreille. Puis est-il rentré chez lui avec moi et ma cousine Maud ; et il me semblait que les mères honorées de nos amies, qui déploraient tant ma solitude de servante sans mère, ne m'avaient jamais regardé avec si peu de bonté que cette soirée que l'amour avait rendue si bénie.

Le lendemain matin, la nouvelle courait dans toutes les bouches qu'un nouveau couple s'était juré et que les trois chevrons des Haller devaient être écartelés avec les trois maillons des Schoppers .

Ann fut la première à être informée de mon bonheur, et alors qu'elle avait jusqu'alors résolument évité les grands bals de la classe supérieure tant qu'elle restait célibataire, cette fois elle fit notre volonté, pour cela elle n'avait pas envie de gâcher. mon plaisir par son absence.

Ainsi l'Amour avait-il également élu domicile chez moi ; et il me semblait que c'était comme un beau matin calme et fleuri dans la forêt. Une joie pure, parfaite et paisible s'était ouverte dans mon âme, une façon de voir qui apportait douceur et gloire à toutes choses au loin, et une joyeuse action de grâce pour que tout soit si bon.

En repensant à ce matin où Ann s'était envolée vers le sein d'Herdegen , et en me rappelant le tumulte de la passion dont j'avais lu dans de nombreux poèmes et contes d'amour, j'ai compris que j'avais rêvé d'autre chose comme le premier épanouissement de l'amour dans mon cœur, que j'avais regardé ressentir une flamme féroce et rougeoyante, une angoisse brûlante, une fièvre sauvage et orageuse. Et pourtant, comme cela m'était arrivé, j'ai pensé que c'était mieux ; Même si le soleil de mon amour ne s'était pas levé dans un feu écarlate, il n'était pas pour autant petit ni frais ; l'image de ma chère mère était toujours présente en moi ; et je pensais que l'amour que je ressentais était aussi pur et juste que s'il m'était venu de sa demeure céleste.

Et comme les parents de mon amant m'ont accueilli avec amour et cordialité, lorsqu'ils m'ont reçu dans leur noble demeure, m'ont appelé leur chère fille et m'ont montré tous les trésors contenus dans la maison des Haller . Dans cette belle maison, avec ses vastes jardins magnifiques – une demeure véritablement seigneuriale, contre laquelle bien des princes auraient volontiers échangé son château et son domaine de chasse – je devais régner comme épouse et maîtresse à la droite de la mère de mon Hans. , dont le visage aimable et digne me plaisait vraiment bien, et par les lèvres amicales desquelles moi, orpheline, j'étais si heureuse d'être appelée « Enfant » et fille. Son vénérable père et ses jeunes frères ne m'étaient pas non plus un peu moins chers. Je devais devenir membre – voire, en tant qu'épouse du fils aîné, femme chef – d'une des plus hautes familles de la ville, de celle dont les fils participeraient au gouvernement aussi longtemps qu'il y aurait un conseil municipal. à Nuremberg.

Mon amant avait en effet été élu pour siéger au conseil mineur peu après son retour, n'étant plus un garçon, mais âgé d'environ trente ans. Et ses manières convenaient à son âge ; digne et modeste, quoique joyeux et plein de l'ardeur ouverte d'un jeune homme pour tout ce qui était au-dessus du vulgaire. Avec lui, c'est certain, si c'était avec n'importe quel homme, pourrais-je devenir tout ce que je désirais devenir ; et si seulement j'apprenais à maîtriser mon caractère fougueux, je pourrais espérer suivre les voies de sa mère, qu'il tenait au-dessus de toutes les autres femmes. Le grand bal, dont j'ai déjà parlé, et où Ann avait accepté de nous accompagner, était la première à laquelle j'irais avec mon bien-aimé Hans. Le vénérable Conseil avait eu soin de déployer toute sa bravoure en l'honneur des envoyés de l'Empereur ; ils s'étaient en effet alliés au connétable du Château, le Prince Électeur, pour faire tout ce qui était en leur pouvoir pour que l'Assemblée se tienne à Nuremberg plutôt qu'à Ratisbonne, et pour cela il fallait gagner les bonnes grâces des ambassadeurs. .

Tous les patriciens et la jeunesse de la bonne ville étaient réunis à la mairie, et le début de la fête fut un pur plaisir. Les invités ont été en effet émerveillés par la richesse de notre grande salle et de notre trésor civique, ainsi que par les vêtements courageux et le grand spectacle de bijoux portés par les messieurs et les dames.

Il y avait six envoyés, et à leur tête se trouvait le duc Rumpold de Glogau ; mais parmi les chevaliers qui le servaient, je n'ai qu'à nommer ce même baron Franz von Welemisl qui avait été si gravement blessé dans le jardin forestier à cause de moi, et un Junker d' Altmark , nommé Henning von Beust , fils d'un des chevaliers. des maisons rebelles qui luttaient contre les coutumes, les lois et les droits lors des marches, comme le prétendait notre Seigneur Connétable l'Électeur.

Le baron Franz était désormais chambellan de l'empereur et, bien que guéri de ses blessures, était en proie à une mauvaise toux. Pourtant , il pouvait se vanter de la même présence noble et chevaleresque qu'autrefois, et son visage pâle, plus pâle que jamais je ne l'avais connu, sous ses cheveux noirs et raides, avec les tons faibles de sa voix douce, allait droit au cœur de nombreuses jeunes filles. ; aussi sa riche robe noire, étincelante de fines pierres précieuses, lui allait bien.

Bientôt, quand il vit que Hans et moi étions amants, il feignit comme si son cœur était frappé à mort ; mais je m'aperçus bientôt qu'il pouvait se consoler et qu'il avait accordé à Ursula Tetzel l'amour qu'il m'avait autrefois professé, avec un accroissement composé. Elle était assez prête à le laisser lui faire l'amour, et je souhaitais au courtisan basané bonne chance avec la demoiselle.

Un dancing est dans tous les pays un ragoût plein de poisson, pour ainsi dire, pour les gentilshommes de la cour, et le Junker Henning von Beust fut à peine entré qu'il se mit à pêcher ; et tandis que l'appât de Sir Franz était la mélancolie et le deuil, le Junker s'efforçait de gagner les cœurs par sa pure gaieté et ses manières audacieuses.

Mon amant lui-même l'avait recommandé à ma faveur, parce que ce monsieur logeait sous le toit de ses parents ; et lui, moi et Ann avions trouvé beaucoup de plaisir ces deux jours passés dans sa gentillesse légère et sincère. Néant On pourrait en effet voir plus joyeux que ce jeune noble aux cheveux roux, en tenue particolore, avec des coquilles Saint-Jacques pointues autour du cou et des emmanchures, qui flottaient lorsqu'il bougeait et de nombreuses petites cloches scintillaient joyeusement. La lumière et la vie rayonnaient des yeux bleus de ce joyeux jeune homme. Il ne s'était jamais assis à un pupitre d'école ; pendant que nos garçons étaient penchés sur leurs livres, il était allé à la chasse ou à une bagarre avec son père, ou s'était caché en embuscade près de la route pour les chariots chargés de ces mêmes « sacs de poivre » —[Un surnom pour les épiciers] — dont il était si loin de mépriser le bon vin et les belles filles dans leur propre hôtel de ville.

Il était déjà tombé amoureux d'Ann au Hallerhof et ne l'avait jamais quittée, bien que, après avoir entendu certaines paroles acerbes par lesquelles Ursula Tetzel s'efforçait de rabaisser la servante dans son opinion, je lui ai dit clairement de quel rang et de quelle naissance elle était. .

Cela ne lui importait pas du tout ; bien plus, cela augmentait son plaisir à faire grand cas d'elle et à essayer de gâcher le sport de son ennemi astucieux. Il semblait qu'il n'en aurait jamais assez de danser avec Ann, et dès que les cornemuseurs de la ville retentirent, avec cornets, trompettes, cors et haut-boys, violons, sacs-mais et rebecks , le crépitement des tambours et le gémissements de cornemuse, tandis que les fifres suisses grinçaient perçant au-dessus du fracas des timbales, il me semblait que la musique elle-même le jetait en l'air et le faisait descendre à nouveau. Avec ses manières libres et joyeuses , il emporta tout devant lui, et alors qu'il devint bientôt évident pour tous qu'il pouvait surpasser nos danseurs les plus agiles, et qu'il était un maître de chaque sorte de danse qui était en faveur dans toutes les cours, que ce soit celle de Brandebourg. de Saxe, de Bohême, ou à la cour hongroise de notre empereur Sigismond, il fut bientôt supplié de nous montrer quelques nouvelles figures de la danse ; et il n'était pas réticent à le faire.

Bien plus, il alla si loin que nos nobles de Franconie et de Nuremberg ne purent que détourner la tête, car il commença une danse si sauvage et inconvenante qu'elle était excessive même pour moi, malgré ma jeunesse et mon pur plaisir de cette mesure rapide.

Mon Hans, le jeune conseiller , prenait plaisir à m'entraîner dans la danse polonaise, ou bien dans la figure souabe, mais il se retenait, comme il convenait, du tourbillon fou de la danse gitane et de la "danse des colombes". ;" et lui, ainsi que moi, avons courtoisement résisté à sa demande de se joindre à la Danse des Morts telle qu'elle était en usage dans le Brandebourg, la Hongrie et le Schleswig : il faut que l'un soit mort, et pendant qu'il ment, un autre viendra le réveiller avec un bisou. C'est alors que Junker von Beust , qui était, comme disent les gens de la marche, le cadavre dansant, a piégé Ann dans une étrange aventure. Ann ne l'embrassa pas sur la joue, mais dans l'air voisin , et le hardi coquin, qui n'avait pas envie de renoncer à une si douce faveur, lui déclara, après la danse, qu'elle était sa débitrice et qu'il lui donnerait pas de paix jusqu'à ce qu'elle lui paie son dû.

Ann le pria courtoisement d'être un créancier miséricordieux et de remettre le paiement de ce qu'elle avait effectivement omis, bien que ce ne soit vraiment pas de mauvaise volonté. Et bien qu'il n'ait jamais consenti, la dispute a été reprise par d'autres personnes présentes et Jorg Loffelholz a eu l'idée de tenir un tribunal d'amour pour trancher l'affaire.

Cela reçut une approbation bruyante, et bien que moi et mon cher Hans, et quelques autres avec nous ayons protesté, les demoiselles étaient actuellement assises en cercle et Jorg Loffelholz , choisi pour présider, demanda à chacun de prononcer sa sentence. Ce fut donc le tour d'Ursula Tetzel et elle, regardant Junker Henning ou quoi qu'elle parlât, dit, avec un sourire fier de ses lèvres rouges, qu'elle ne pouvait donner aucune opinion, dans la mesure où elle savait seulement ce qui convenait aux jeunes filles de naissance noble.

Le Junker répondit à cela avec une dignité si haute et si grave que je n'aurais pas dû l'attendre chez un être aussi écervelé : « Le meilleur brevet de noblesse, belle dame, est celui de la jeune fille à qui Dieu Tout-Puissant a accordé l' âme la plus douce. et la grâce la plus douce ; et dans toute cette assemblée, je n'en ai trouvé aucune qui soit plus richement dotée des deux que la jeune fille contre laquelle j'ai porté plainte en plaisantant. C'est pourquoi je prie le président de cette Cour d'Amour de vous demander une fois de plus votre verdict. "

Ursula trouvait cela difficile à supporter ; néanmoins son esprit élevé était prêt à y faire face. Elle rit bruyamment et avec une apparente légèreté, en lui répondant précipitamment : « Alors, vous, hautains seigneurs des marches, n'admettez pas qu'il soit au pouvoir de l'empereur d'accorder des lettres de noblesse, mais vous l'attribuez au Ciel seul ! Opinion audacieuse. " Je ne me soucie pas de la politique et je prononcerai ma sentence. Si cela avait été Margery Schopper qui avait refusé le baiser, ou Elsa Ebner, ou l'un d'entre nous dont les ancêtres portaient les armes par la grâce de l'Empereur et non de Dieu. des Brandebourgeois , je l'aurais condamnée à vous donner, au lieu d'un baiser, deux, en présence de témoins ; mais dans la mesure où c'est Maîtresse Ann Spiesz qui a osé refuser à un noble gentleman, hôte de la ville , ce que nous, les demoiselles de haute naissance, aurions volontiers payé, je lui accorde notre miséricorde, notre grâce et la permission de baiser la main du Junker Henning von Beust , en signe de pénitence. Les mots ont été prononcés avec clarté et fermeté ; tous se taisaient, et j'avoue que, tandis qu'Ursula répondait au Junker avec des yeux rayonnants et des lèvres tremblantes, je ne l'avais jamais vue plus belle . On pouvait clairement voir à sa poitrine haletante avec quelle joie elle laissait libre cours à sa vieille rancune chérie ; et qu'elle avait en vérité blessé la servante qu'elle détestait jusqu'à l'âme, Ann le montrait par sa pâleur mortelle. Pourtant elle ne trouva pas un mot de réponse ; et tandis qu'Ursule parlait, il me semblait, dans toute ma colère et mon chagrin, comme si un nuage s'élevait devant mes yeux. Mais aussitôt qu'elle eut cessé et que mes yeux rencontrèrent le regard triomphant du sien, mon esprit redevint soudain clair, et sans prêter attention à la multitude qui se tenait autour de nous, je fis un pas en avant et m'écriai : « Nous vous remercions tous, Junker ; vous avez pris le rôle le plus digne, le seul, Ursula, et je la regardai sévèrement en face, le seul que je voudrais qu'un de mes amis ou n'importe quel vrai cœur prenne.

Le Junker s'inclina et, jetant un regard de reproche à Ursula, il dit : « Dieu merci, je n'aurais jamais à faire un choix plus difficile ! Sur quoi il lui tourna le dos et s'approcha d'Ann ; mais Ursule éclata de nouveau de rire et l'appela avec défi : « Oh ! que le ciel garde toujours ton esprit clair quand tu dois choisir, et surtout quand tu dois discerner sur la grande route entre ce qui est à toi et ce qui appartient à autrui. gens."

Le sang monta au visage du Junker, et, tandis que d'un geste précipité il lissait en arrière les poils féroces de sa lèvre, il me sembla qu'il pouvait avoir l'air le même que lorsqu'il se levait en selle pour se précipiter sur les charrettes de nos marchands ; car en effet, c'étaient les Beust et les Alvensleben , leurs plus proches parents, qui étaient tombés sur le train de wagons appartenant aux Muffel et aux Tetzel , près de Juterbock , il n'y avait pas un an.

Mais, tandis que son sang bouillait, le Junker s'abstint, car la courtoisie chevaleresque lui interdisait de rendre à Ursule la même pièce d'argent ; et comme cela tombait, la cousine Maud fut en mesure de l'aider dans cette autonomie louable . Elle s'avança à grands pas, et ses yeux brillèrent de menaces courroucées, jusqu'à ce qu'ils me paraissent plus ardents que les bijoux des hautes plumes qu'elle portait sur sa tête. Elle repoussa les jeunes hommes et les servantes qui composaient la Cour d'Amour tandis qu'un navire rapide fendait le menu fretin dans l'eau. Sans relâche ni pause, elle poursuivit son chemin, et dès qu'elle aperçut Ann, elle la saisit par le bras, lui caressa les cheveux et les joues et lança quelques mots aigus à Ursula :

"Je vais te parler tout à l'heure !" Puis elle m'a demandé de rester avec Hans et s'est retirée, emportant Ann avec elle, tandis que Junker Henning la suivait en priant pour être pardonné pour tout le malaise qu'elle avait souffert à cause de lui. Ann l'acquiesça volontiers et nous supplia, ainsi que lui, de ne pas venir plus loin avec elle.

Lorsqu'il revint vers nous, Ursula, attristée par les regards mécontents qu'elle rencontrait de toutes parts, s'écria : « Déjà de retour, Sir Junker ? Si vous aviez si légèrement renoncé à votre droit à mon baiser, vous pouvez être sûr que

J'aurais fait appel à quiconque aurait voulu vous demander compte d'un tel mépris ! »

Elle regarda le jeune noble avec un regard audacieux, sans jamais oublier que ce défi était tout ce qu'il attendait. Il secoua sa tête bouclée et cria avec des yeux pétillants : « Alors, maîtresse, je voudrais que vous sachiez que je n'accepterais aucun baiser de votre part, même si vous l'offriez. J'ai parlé – maintenant, appelez vos champions. "

Il resta silencieux un moment, puis jetant un regard de défi aux passants, il poursuivit : « Si un gentleman ici présent fixe un prix plus élevé que moi, le bien-né Henning Beust , héritier et seigneur de Busta et Schadstett , sur un baiser des lèvres qui ont offensé ma belle dame par des paroles malveillantes, qu'il se penche maintenant et ramasse mon gant. Le voilà !

Et il le jeta par terre, tandis qu'Ursula pâlissait. Ses yeux se tournèrent de l'un à l'autre des jeunes messieurs qui lui faisaient la cour et ils étaient nombreux - et plus le silence régnait, plus sa respiration s'accélérait et plus sa colère s'accroissait. Mais tout à coup elle fut calme ; ses yeux s'étaient posés sur Sir Franz von Welemisl , et tout le monde pouvait lire ce qu'elle exigeait de lui. Le bohémien la comprenait ; il ramassa le gant et murmura au Junker en haussant les épaules : « Maîtresse Ursula me commande !

Un air de douleur passa sur le visage joyeux du brave jeune homme, car jusqu'alors le jeune chevalier et lui avaient été en bonne camaraderie, et il répondit précipitamment : « Non, monsieur chevalier ; j'aurais croisé le fer avec vous assez facilement, sinon vous l' auriez fait. J'ai senti la piqûre de l'acier souabe ; mais maintenant tu n'es pas encore tout à fait toi-même, et te battre avec un ami malade est contre la domination de mon pays.

Ces paroles ont été prononcées avec un cœur bon et honnête, et j'ai vu sur le visage de Sir Franz qu'il savait que leur intention était vraie ; mais tandis qu'il étendait la main pour saisir celle du Junker, Ursula secoua la tête avec un grand dédain. Sir Franz changea précipitamment d'attitude et s'écria : « Alors vous ferez bien d'agir contre la domination de votre pays et de combattre le champion de la dame que vous avez offensée.

Ici la dispute prit fin, car monseigneur le duc, chef de l'ambassade, entendant la voix féroce du Brandebourgeois , sortit en toute hâte du dîner pour rétablir la paix ; et tandis qu'il emmenait le Junker, il était clair pour tout le monde qu'il le prenait vivement à partie. C'était, en vérité, un méfait criminel pour un des envoyés impériaux de jeter son gant lors d'un bal où il était l'invité d'une ville paisible ; et que le duc n'imposait aucune pénitence sévère pour cela, le Junker pouvait remercier les vénérables membres du conseil qui étaient présents ; ils étaient en effet disposés à le laisser tranquille, dans la mesure où ils avaient à cœur de renvoyer tout le monde chez eux, satisfait de Nuremberg.

La musique retentit bientôt de nouveau joyeusement dans l'hôtel de ville solennel, et de tous les jeunes gens qui dansaient si joyeusement, riaient et bavardaient, Ursule fut la dernière à laisser voir combien cette grande fête avait été troublée par sa faute. Ses yeux brillaient d'un contentement joyeux, et elle était si libre avec Sir Franz qu'on aurait pu croire qu'ils quitteraient la mairie en couple.

La fête touchait à sa fin, et après avoir dansé la dernière danse et que je regardais autour de moi, j'ai vu, à mon grand étonnement, Ursula Tetzel parler avec enthousiasme avec Junker Henning. Sur le chemin du retour, le jeune monsieur m'a informé qu'elle lui avait fait comprendre que, pendant la réunion de l'Assemblée impériale, il pourrait avoir l'air d'être servi par un noble jeune homme qui ramasserait son gant en signe de devoir envers elle et prouverait à lui qu'il y avait d'autres champions que des malades, heureux de tirer l'épée pour elle.

Le Brandebourgeois aurait voulu savoir à qui il aurait affaire ; mais je me taisais, même si j'étais certain qu'Ursula n'avait placé ses espoirs dans nul autre que mon frère Herdegen .

Le lendemain, tous les ambassadeurs repartirent à cheval vers la cour de l'empereur ; Pour ma part, je me suis dirigé vers les Pernharts , où j'ai trouvé Ann étonnée plutôt qu'en colère ou affligée par l'attaque de base d'Ursula. Elle devait aussi faire amende honorable ; mon cher parrain, l'oncle Christian, avec certains autres messieurs du conseil, avait avisé le vieux Tetzel qu'il devait demander pardon à Ann et à son beau-père pour le discours hautain et imprudent de sa fille.

Le vieil homme fier et maussade devrait se soumettre à cette pénitence sans hésitation, car Pernhart était, depuis l'époque de Saint Walpurgis , membre du conseil, et lui et sa famille avaient part et participaient à la fête patricienne. Car, même si les artisans et les petits commerçants en étaient exclus, les vénérables conseillers choisis par les corporations jouissaient des mêmes droits que ceux nés à ce rang élevé.

Ce n'était que par hasard que le chaudronnier n'était pas venu hier à la mairie, et plus tard, quand lui et sa femme y parurent, ils étaient parmi les plus beaux couples d'aînés. En effet, Ann ne les accompagna pas ; mais ce n'était ni le dépit ni le chagrin qui la retenaient chez elle. Ma grande joie la réchauffait également et nous attendions le retour rapide de Herdegen .

Elle attendait cela avec une ferme espérance qui me remplissait de crainte, lorsque je pensais aux lettres de mon frère, dans lesquelles il n'avait jamais à raconter que de vains plaisirs et passe-temps.

Mes fiançailles avec Hans Haller étaient selon son cœur ; il a écrit de lui comme d'un homme dont les dons et la naissance étaient dignes de moi ; et il ajouta qu'il suivrait son exemple, et que, tandis qu'il avait renoncé à l'amour en cherchant une épouse, il prendrait conseil de sa tête et non de son cœur, et diviserait nos anciennes armoiries par une autre non moins noble. .

CHAPITRE XVIII.

Même si l'humeur pleine d'espoir d'Ann m'a affligé, ces mêmes espoirs en ma tante Jacoba, très avisée sur le monde , m'ont remonté le moral ; mais une fois de plus, lorsque j'entendis mon grand-oncle parler d' Herdegen comme de son fils dévoué, cela tomba aussi bas qu'auparavant. Le vieil homme s'était montré très content de mon sort envers Hans et m'avait offert une précieuse parure de rubis comme cadeau de mariage ; mais je pouvais à peine y prendre plaisir, puisqu'il me dit sur-le-champ qu'il en réservait de semblables à la noble demoiselle que Herdegen devait épouser.

La cousine Maud était dans une grande colère lorsqu'elle a su que nous avions déjà en tête de réunir Ann et Herdegen ; cependant cela ne l'empêchait pas d'être aussi gentille envers Ann qu'elle avait toujours l'habitude de l'être, et de lui faire plaisir avec des cadeaux, grands et petits, chaque fois qu'elle le pouvait. Elle avait ses propres pensées concernant l'infidélité de mon frère. Elle considérait cela comme un triomphe du sang noble sur les aspirations de son cœur ; et plus elle aimait penser du bien de son chéri, plus elle trouvait de réconfort dans cette interprétation.

Parmi les rares personnes qui connaissaient ses fiançailles avec Ann se trouvait la veuve du maître des abeilles, Dame Henneleinlein ; et elle s'était bercée si volontiers dans l'espoir d'être bientôt parente d'une famille noble, que sa destruction lui remplissait le cœur d'une rage amère, et dans toutes les maisons où elle portait son miel, elle ne manquait jamais de calomnier Herdegen .

Tout cela ne m'aurait jamais troublé, si seulement j'avais pu me réjouir en présence de mon cher amour ; mais hélas! pas plus de trois semaines après nos fiançailles, il fut envoyé comme écuyer auprès de Maître Erhart Schurstab , à la cour, où ils devaient exposer devant l' empereur Sigismond, au nom de Nuremberg, les divers obstacles qui s'opposaient à notre commerce avec Venise, alors que depuis la dernière guerre, Sa Majesté était extrêmement mauvaise envers ce grand et célèbre ville.

Il n'y avait pas d'autre remède que la patience ; mon amant m'écrivait souvent, et ses lettres aimantes m'auraient rempli de joie, si dans chacune d'elles il n'y avait pas eu une triste nouvelle de Junker Henning, que j'avais encore en haute estime. Ce jeune seigneur, qui servait Sa Majesté, qui ne tenait jamais sa cour plus de quelques jours au même endroit, ou quittait Vienne pour se rendre à Ratisbonne, s'était lié d'amitié avec mon maître engagé, et avait lui a été utile dans toutes les choses où il pourrait; et Hans avait dit de lui qu'il était quelqu'un en qui il n'y avait aucune ruse, avec le cœur ouvert et le caractère vif d'un enfant. Un tel homme, en effet, était le sien ; pourtant, au milieu de la gaieté la plus gaie, son chagrin de cœur l'envahissait si puissamment qu'il tombait dans une tristesse soudaine ; et, dans l'ampleur de son chagrin, il avoua à Hans qu'il ne pourrait jamais cesser de penser à Ann. Sur quoi mon cher amour crut que ce devait être son triste devoir de dire à son ami que la dame de son choix n'avait pas de cœur libre à lui donner. Cependant, à la question du Junker de savoir si elle était confiée à un autre et s'il avait l'intention de l'épouser, Hans fut obligé de répondre non. Cela donna un nouveau courage au jeune homme amoureux, et finalement il alla jusqu'à ce que Hans me demande si Ann ne serait pas finalement disposée à abandonner Herdegen , qui le méritait bien de sa part, et à avoir pitié d'un homme si courageux et si courageux. un amant sincère comme le Junker.

À cela, je ne pouvais répondre que : « Jamais, jamais » ; d'autant qu'ayant montré à Ann cette lettre, et en outre chanté haut et fort les louanges de son prétendant, elle me demanda avec une grande tristesse si j'étais las de la confirmer dans son amour pour mon frère ; et comme je le niais avec empressement, elle s'écria : « Et vous me connaissez bien ! Et vous devez savoir que rien sur terre, ni vous, ni Maîtresse Jacoba , ni Nuremberg tout entier, ne pourriez détourner mon cœur de mon amour !

C'est ce que j'écrivis aussitôt à Hans ; mais cette lettre ne lui parvint jamais, et il fut ainsi délivré du pénible devoir de priver le Junker de son dernier espoir.

Hélas, mon Hans ! Comme je te désirais à chaque heure ! Et pourtant, je me souviendrai toujours du mois de juin de cette année-là avec gratitude.

Jour après jour, nous, les jeunes filles, étions assises dans le jardin des Haller , car la digne mère de Hans avait bientôt pris Ann dans son cœur, et je craignais bientôt que sa rare beauté ne fasse tourner la tête de son jeune frère Paulus, un probablement un garçon de dix-neuf ans. Alors que l'été devenait chaud , nous sommes allés dans la forêt à la demande de mon oncle et de ma tante, qui ont pris une grande joie de voir leur préférée au bon cœur et à la beauté merveilleuse, Maîtresse Giovanna lui ayant fourni des vêtements convenables et courageux. La bonne camaraderie ne manquait pas non plus ; de nombreux jeunes nobles nous tenaient compagnie, et alors que la ville regorgeait d'invités illustres, beaucoup d'entre eux se dirigèrent vers la forêt.

C'est pourquoi les princes électeurs et les autres souverains de l'empire, et au premier rang desquels notre grand connétable, avaient effectivement déclaré que la grande assemblée se tiendrait à Nuremberg et non à Ratisbonne ; et quand ils furent tous rassemblés dans notre bonne ville, l' empereur Sigismond, après avoir attendu cinq jours à Ratisbonne, voulut enfin, ou non , les suivre ici. Alors ses chambellans furent envoyés devant lui, et parmi eux figuraient encore le duc Rumpold von Glogau et le Junker Henning von Beust , tandis que Sa Majesté gardait mon Hans près de sa personne. Or, lorsque les précurseurs de l'empereur eurent rempli leur devoir, ils furent également convoqués au pavillon forestier ; et avec eux vinrent le seigneur d' Eberstein et un comte italien, Fazio di Puppi , tous deux très habiles au chant et au luth. Pourtant, mon frère Herdegen était toujours absent, même si nous l'avions cherché à la Pentecôte.

La cousine Maud restait chez elle, où il y avait beaucoup à faire pour préparer une ambiance convenable pour les nobles camarades qui devaient être hébergés au Schopperhof ; bien plus, la vieille maison devait être ornée à l'extérieur d'un costume de fête, conformément à l'ordre du conseil municipal selon lequel chaque citoyen devrait faire tout son possible pour nettoyer et orner sa maison, afin qu'elle plaise aux yeux de Sa Majesté le Empereur.

Vers le soir, le jour de la Saint Liborius , [23 juillet] — monseigneur le duc sortit à cheval vers la cabane forestière, et au moment où j'écris, je peux voir le visage radieux de Junker Henning alors qu'il saluait Ann ; elle, cependant, prenait son attitude dévouée avec sang-froid et courtoisie, mais ne pouvait-elle pas l'empêcher de s'interposer de manière trop marquée entre elle et les autres messieurs. La compagnie était nombreuse pour nous deux jeunes filles, et il n'y avait personne d'autre avec nous à part Elsa Ebner, notre camarade d'école la plus aimée, et son jeune maître Jorg. Loffelholz avait baissé les yeux.

Peu de temps après le dîner, Akusch est venu me voir pour m'annoncer que Herdegen était arrivé hier à Nuremberg. Mon grand-oncle, à qui il avait annoncé sa venue, était parti à sa rencontre en chemin, accompagné de Jost Tetzel et de sa fille Ursula. Mon frère était descendu chez Im Hoff et avait attendu la cousine Maud ce matin tôt. Dans l'après-midi, il avait l'intention de sortir dans la forêt, avec la permission de mon oncle, pour me voir.

Lorsque j'ai répété tout cela à tante Jacoba , elle a été très troublée et m'a demandé de me tenir aux côtés d'Ann et d'obéir en tous points aux conseils qu'elle jugerait bon de lui donner. Elle souhaitait que j'aille chercher mon amie chez elle le 23 juillet. immédiatement, puis j'ai fait un plan pour que tous les jeunes gens se rendent au beau jardin d'un certain apiculteur, un certain Martein , où les fleurs poussaient en grande abondance et où nous pourrions enrouler les couronnes dont l'oncle Christian aurait besoin pour orner. avec les appartements de l'Impératrice. C'est là, dit- elle, qu'elle enverrait Herdegen à son arrivée ; car elle savait très bien que la nouvelle apportée par Akusch ne pouvait rester cachée.

Tandis qu'Ann devenait un peu plus pâle, ma tante secoua la tête avec mécontentement et lui conseilla de rester calme ; Même si elle avait des accusations à porter contre ce jeune sauvage, elle devait pourtant, pour le moment, les garder pour elle. Elle ne devait surtout pas lui laisser supposer que son infidélité lui avait causé une amère douleur au cœur ; si elle désirait que les choses se terminent bien , elle devait s'ordonner de ne recevoir le visiteur que gentiment et de l'humilier comme si son refus de l'avoir touchée ne l'avait que légèrement touchée ; bien plus, comme si c'était un plaisir pour sa vanité d'être courtisée par le Junker de Brandebourg et d'autres nobles messieurs. Si seulement elle avait pu donner l'impression qu'il était inférieur à l'un ou l'autre d'eux, elle aurait remporté une grande partie de la victoire.

Une telle subtilité n'avait aucun charme pour Ann ; cependant ma tante ne laissa aucune place à ses doutes, et une fois de plus son éloquence pressante prévalut sur la jeune fille affligée pour gouverner le désir de son âme ; et comme je promit à mon amie de la soutenir, elle donna à la sage dame, qui lui avait montré si clairement des preuves de son amitié dévouée, la parole qu'elle lui obéirait en tous points.

Nous avons souvent vu, dans les églises de Nuremberg, certaines pièces de théâtre dans lesquelles des personnages honnêtes et dignes apparaissaient comme Judas Iscariote, ou même comme le Diable lui-même ; et à Venise j'ai également vu de telles pièces, appelées là-bas Boinbaria , dans lesquelles des hommes et des femmes, innocents de toute culpabilité, étaient amenés à défendre la calomnie, la cruauté et la ruse ; et cela si astucieusement qu'un homme pourrait jurer qu'ils étaient des valets réprouvés mûrs pour la potence. De là, on peut voir que les hommes sont aptes et capables de paraître différents de ce qu'ils sont par nature ; bien plus, une telle feinte est un plaisir pour la plupart des gens, comme nous le voyons clairement au plaisir que prennent les grands et les petits à la momie à la marée du Carnaval. Cependant, ils peuvent à peine avoir du cœur dans un tel sport ; et pour ma part, il me semble que jouer le rôle que ma tante avait proposé à Ann est l'un des plus difficiles qui puissent être confiés à une servante au cœur pur et véridique. À l'époque, je ne savais pas clairement quelle était la fin de ces bagatelles aussi téméraires ; mais maintenant que je connais mieux les hommes, il me semble qu'il était bien conçu et ne pouvait manquer d'atteindre son intention, même si le cours des événements m'a fait comprendre combien peu les pensées et les plans des plus sages peuvent être utiles lorsque le ciel règne autrement.

Les messieurs présents dans la salle étaient plus que prêts à accepter notre offre ; mais je devinais ce qui faisait de temps en temps frémir les lèvres d'Ann, tandis que son esprit gai charmait les jeunes hommes qui nous tenaient compagnie à travers les bois jusqu'au jardin de l'apiculteur.

Elsa et moi avons coupé les fleurs avec l'aide de Jorg Loffelholz , tandis qu'Ann était assise sous un tilleul ombragé près d'une tonnelle de chèvrefeuille, et montrait les autres, qui s'allongeaient sur l'herbe autour d'elle ; comment enrouler une guirlande. Chacun était prêt à être instruit par des lèvres si douces, et en guidant les doigts et les mots de louange ou de blâme, il y avait juste des rires joyeux, des bavardages et des passe-temps.

Junker Henning gisait à ses pieds, et près de lui le frère de mon Hans, Paulus, et le jeune maître Holzschuher . Le chevalier d' Eberstein lui avait apporté un tabouret chez l'apiculteur, qu'il avait tordu et attaché avec beaucoup de zèle ; le comte italien Fagio di Puppi frappait la mandoline , qu'il appelait « la dame de son cœur » dont il ne se séparait jamais, même lors du plus long voyage.

Quand Elsa et moi avions assez de fleurs, nous nous asseyions avec les autres, et il était agréable de s'y reposer à l'ombre du tilleul dont les feuilles flottaient dans un air doux, tandis que les abeilles et les papillons planaient au-dessus des fleurs dans la chaleur. soleil. Les oiseaux ne chantaient plus ; ils avaient fini de nicher depuis longtemps ; mais nous, avec nos jeunes cœurs pleins d'amour, étions dans l'esprit de chanter, et quand Puppi nous eut charmés avec un doux lai italien, et que j'eus orné son luth d'une rose en guise de guéridon, monseigneur d' Eberstein prit exemple. de lui, et ils ont alors supplié Ann et moi de faire notre part ; mais Junker Henning était le plus enthousiaste. Sur quoi Ann lui sourit si gracieusement que j'ai eu mal pour lui, et elle m'a fait un signe, et, prenant la partie inférieure comme c'était notre habitude, nous avons donné la « Chanson à Dame Amour » du prince Wizlav . Cela résonnait haut et fort dans notre gorge, au-dessus de la tête des messieurs assis à nos pieds et dans le jardin voisin :

"La terre est libérée et les fleurs
jaillissent dans tous les prés, Les heures douces de midi Sont douces avec des odeurs rares; Les collines bondissent de joie. Les oiseaux heureux chantent, Et maintenant, pendant que les vents dorment, Envolez-vous dans l'air ensoleillé .

Maintenant, les cœurs commencent à s'allumer
Et à brûler de la douce angoisse de l'amour Alors que les cierges s'enflamment et diminuent. Amour, notre dame ! prête l'oreille ! Voudrais - tu gâcher notre plaisir ?
Ah, ne nous laissons pas languir ! Qui te jure son trésor, Dame hautaine, doit se méfier."

Nous avions tant chanté ainsi, lorsque le bruit des sabots, que nous avions déjà entendu sur le sol mou des bois, nous fit réfléchir. Alors, voilà ! Ann pâlit et serra ses mains pleines de roses qu'elle avait choisies pour sa guirlande contre sa poitrine, comme si elle souffrait. Junker Henning, qui, pendant qu'elle chantait, l'avait regardée avec dévotion, voire avec ravissement, remarqua ce geste et sauta sur ses pieds pour la secourir ; mais elle se ressaisit avec une merveilleuse promptitude, et riait en lui montrant son doigt d'où deux gouttes de sang étaient tombées sur sa robe blanche. Et pendant que la grille du jardin s'ouvrait, elle tendit la main au jeune homme, en disant précipitamment : « Piqué, — une épine ! — voudriez-vous me l'enlever, Junker ?

Il saisit sa main et la garda longuement dans la sienne, comme un joyau ou une merveille, avant de se rappeler qu'il devait retirer l'épine. Les autres gentilshommes , et parmi eux mon beau-frère Paulus, s'étaient également précipités pour prêter leur aide ; il avait en effet arraché sa cravate en dentelle et l'avait trempée dans la fontaine.

Entre-temps, de nouveaux venus avaient rejoint le cercle : d'abord le duc Rumpold , puis Jost Tetzel et enfin Herdegen avec Ursula.

J'ai couru à sa rencontre, et quand il m'a pris dans ses bras et m'a embrassé et m'a souhaité de tout cœur la joie de mes fiançailles, j'ai oublié tous mes vieux griefs et je me suis seulement réjoui de le retrouver à la maison ; jusqu'à ce qu'Ursula me salue et qu'Herdegen vienne en vue d'Ann. Elle était restée assise sous le tilleul, sur un coussin de velours bleu, comme sur un trône ; et en vérité , il me semblait qu'elle aurait pu être une reine, puisqu'elle acceptait gracieusement le service des messieurs qui avaient été si émus par son doigt piqué. Le Junker l'enveloppa avec soin dans une feuille verte qui, comme sa grand-mère le lui avait appris, avait un don de guérison ; Paulus tendit le foulard lacé, et l'Italien faisait entendre des gémissements avec son luth.

Toutes ces choses à faire à un autre moment m'auraient certainement fait du sport, mais maintenant rire était loin de moi, et je n'avais d'autres yeux que pour Ann dans sa petite cour et pour mon frère.

Au début , elle feignit de ne pas le voir ; et tandis que le Junker lui tenait toujours la main, elle lui frappa les doigts avec un rose, bien qu'elle n'ait jamais été encline à user d'une liberté aussi inconvenante.

Puis elle remarqua d'abord monseigneur le duc et se leva pour le saluer avec une révérence courtoise, et ce n'est que lorsqu'elle eut salué froidement et sèchement Tetzel et sa fille qu'elle parut se rendre compte que Herdegen faisait partie de la compagnie. À ce moment-là, je me suis souvenu du matin où l'Amour l'avait jetée dans ses bras, et c'est avec douleur et émerveillement que j'ai noté son comportement ultérieur. En vérité, cela dépassait tout ce dont j'avais pu rêver : elle lui tendit la main avec un sourire invitant, lui souhaita la bienvenue à la maison et dans la forêt, le réprimanda d'être resté si longtemps loin de moi, de sa chère petite sœur et de notre bonne cousine, puis elle lui tourna le dos pour prier le Junker de bien placer ses coussins. Là-dessus, elle tendit la main à ce jeune gentilhomme pour le soutenir jusqu'à son siège, et lui demanda si, dans son pays, on ne rendait pas service et devoir à la divine Dame Musica ? Et tandis qu'il répondait que c'était vrai, que dans son propre pays il avait entendu maintes chansons douces chantées par de nobles dames à la harpe et au luth, que les enfants chanteraient toujours à leurs jeux, et que lui aussi avait souvent élevé sa voix chantant des madrigaux, elle le suppliait de faire preuve de quelque ballade ou chanson. Le reste de la compagnie se joignant à ses supplications, elle ne lui laissa aucune paix jusqu'à ce qu'il cède à son désir, et après cela il avait protesté que son chant n'était pas meilleur que le gazouillis d'un étourneau ou d'un bouvreuil, et que sa chansonnette n'était que du genre il se souvenait de son enfance, il chantait la chanson "Il pleuvait sur le pont et j'étais mouillé" d'une voix ni forte ni fine, mais pure et avec une grande modestie.

Ann a fait l'éloge de cette chansonnette enfantine simple et juste et a déclaré qu'elle était certaine que, grâce à son enseignement, elle pourrait faire une excellente chanteuse du Junker.

Les autres étaient du même avis, et Herdegen , qui se tenait un peu à l'écart avec Ursula, regardait avec un grand émerveillement , comme s'il ne pouvait pas croire ce que son oreille entendait et ce que son œil voyait.

Alors, dans la mesure où monseigneur le duc désirait entendre plus de musique, nous étions assez prêts à obéir et élevâmes la voix, tandis qu'il s'appuyait sur un canapé confortable, écoutant avec diligence, et nous donna le message de ses gracieuses louanges.

Pourtant, comme auparavant, beaucoup obéissaient au moindre signe d'Ann, mais jamais jusqu'à présent je ne l'avais vue fière de son pouvoir et si désireuse de l'utiliser. De temps en temps , elle se tournait vers Herdegen avec quelques mots légers et une attitude libre, mais il était clair qu'il ne daignait pas s'asseoir devant elle avec les autres.

me semblait même qu'Ursula et lui n'avaient aucun lien avec nous ; dans la mesure où elle était vêtue de velours et de riche brocart, et d'un berceau, pour ainsi dire, de plumes d'autruche jaunes et violettes enroulées au-dessus de son chapeau de cheval.

Herdegen était également en tenue courageuse, à la manière des Français, et un bouquet de hautes plumes se dressait au-dessus de sa tête, retenu dans un filet de soie qui attachait ses cheveux. Sa ceinture croisée était sertie de pierres précieuses et accrochée à de petites clochettes, tintant à mesure qu'il bougeait et choquant avec notre chanson ; et dans cette chaude marée d'été, ce n'était peut-être pas pour son plaisir qu'il portait les lappets étiquetés, qui tombaient jusqu'à la largeur d'une main, de ses épaules sur les manches de sa tunique de velours.

Plus nous chantions joyeusement et plus il était clair que nous ne devions, en apparence, qu'obéir aux souhaits d'Ann et de Son Altesse le duc, moins mon frère pouvait s'empêcher de cacher son mécontentement ; Et lorsque le Junker supplia Ann de chanter Tanderadei , ce qu'elle fit très volontiers, Herdegen n'en put plus ; il demanda à l'Italien de lui prêter sa mandoline et frappa les cordes comme pour son propre plaisir. Sur quoi Ann se tourna vers lui et le supplia courtoisement de lui donner une chanson, et lui lui demandant quelle chanson elle voudrait, elle répondit précipitamment : « Vos vieilles chansons me sont déjà connues, Junker Schopper ; et, à en juger par votre apparence, vous êtes maintenant ne prenons aucun plaisir que dans la musique française. Écoutons donc un peu la dernière mode parisienne.

A cela il répondit cependant : « Ici, dans mon propre pays, j'aimerais mieux chanter dans ma propre langue, avec votre gracieuse permission, belle maîtresse.

Puis, s'inclinant devant Ursula et moi, sans même jeter un regard à Ann, il ajouta : « Et comme je pense que vous aimez les madrigaux, je chanterai une chansonnette franconienne après la ballade brandebourgeoise du Junker.

Il frappa hardiment les cordes, et les petits oiseaux, qui à ce moment-là s'étaient reposés dans le tilleul, relevèrent de nouveau leurs petites têtes, et tous ceux qui avaient des oreilles et une âme, de près et de loin, Ann notamment, écoutèrent comme » commença-t-il avec sa voix claire et son noble savoir-faire.

« À toute cette bonne compagnie
, je chante du mieux que je peux, Un madrigal de belles dames et de
demoiselles suintantes et gaies.
À travers de nombreux pays, grands et petits, je parcours, et de belles
dames, j'en vois beaucoup ! mais la plus belle d'entre elles toutes, mes
propres jeunes filles. pays .
Les jeunes filles de Franconie que j'aime toujours rencontrer, elles
demeurent dans un doux souvenir Une vision toujours douce. Des jeunes
filles, elles sont la couronne et la perle ! Et si je pouvais mais les filer, je
ferais tourner le fuseau !"

Monseigneur le duc applaudit chaleureusement le chanteur, et nous fîmes tous de même ; tous sauf Junker Henning, qui n'avait pas manqué de remarquer que Herdegen s'était efforcé de surpasser son modeste gazouillis, ainsi que les yeux ardents qu'il tournait vers la dame de son choix. Il ne bougeait donc pas. Ann frappait dans ses mains mais légèrement, restait assise, regardant sur ses genoux, et pendant un certain temps ne pouvait pas dire un mot ; en effet, si elle s'était confiée pour parler, la partie aurait certainement été perdue.

C'était le chevalier d' Eberstein , qui bientôt , bien qu'involontairement, lui vint en aide ; il a mis Ursula au défi de nous chanter une chanson en remerciement des éloges de Junker Herdegen sur les filles de Franconie.

La demoiselle crut faire quelque chose de bien en choisissant, au lieu d'une chanson allemande, une chanson française du sieur de Machault : « J'aim la farine », qui était bien connue de nous tous, parce qu'elle l'avait apprise de vieux Veit Spiesz , le grand-père d'Ann ; et elle n'avait pas à craindre d'élever sa voix, dans la mesure où elle était forte et claire comme une cloche. Mais elle chantait trop fort et avec un mode de discours qui faisait sourire Herdegen , et je la revois maintenant debout dans son beau costume jaune et violet, chantant la chansonnette qui déclenche la lumière :

" J'aim la farine
De valor
Sans falour
Et l'aour
Nuit et jour."

de toutes ses forces, comme pour les inciter au combat. La folie d'une manière aussi erronée de chanter de telles paroles était évidente pour Ann, dans le sang même de laquelle se trouvait, pour ainsi dire, tout ce qu'il y avait de plus précieux en matière de sentiment musical, et le sourire d'Herdegen lui rendit l'esprit plus calme. Quand, à ce moment-là, Ursula, croyant qu'elle avait fait quelque chose de merveilleux , se tourna hardiment vers Ann et la supplia de chanter - comme s'il n'y avait jamais eu de rupture entre les deux - Ann refusa, comme indifférente mais pourtant ferme dans son esprit. Alors le duc, qui était encore un excellent chanteur et qui se souvenait de la façon dont Ursula s'était comportée envers Ann lors du grand bal, désira avoir le luth et chanta la chanson suivante :

"Voici une dame douce et belle
, vêtue d'une robe simple, mais elle est bien vêtue avec élégance. Par elle, les fleurs semblent moins brillantes, et elle est un spectacle si glorieux que, les matins de mai, le soleil d'or qui éclaire la colline et lea... Mais les filles rebelles ne nous ravissent pas, avec toute leur bravoure.

Et il chanta le petit vers à Ann comme s'il s'agissait d'un éloge pour elle, jusqu'à ce qu'au dernier vers, qui sortit de ses lèvres comme par mépris, il jeta un regard de reproche à Ursula, et beaucoup de gens pourraient voir et sentir à quel point eh bien, la chanson convenait à l'une et à l'autre des demoiselles hostiles.

Pourtant, il était difficile de deviner ce qu'Ursula pensait de tout cela ; elle remercia volontiers le duc de sa belle chanson qui tenait le miroir à toutes les dames rebelles. En même temps , elle regardait fixement Ann et amenait Herdegen et le chevalier d' Eberstein à parler avec elle-même ; pourtant, combien de fois mon frère a-t-il jeté les yeux sur la bien-aimée de son cœur, qu'il avait trahie.

Quant à moi, je me souviens assez peu de tout ce qui a été dit, pour la plupart concernant les fleurs et les arbres du jardin. Seuls Ann et mon frère demeurent dans ma mémoire, chacun feignant de ne ni voir ni entendre l'autre, alors qu'en secret chacun n'avait ni yeux ni oreilles pour l'autre. Oui, et je me souviens combien l'inquiétude et la détresse de mon frère me remplissaient tant tantôt de joie, tantôt de pitié, que j'avais envie de crier au Junker que c'était un mauvais tour qu'ils lui jouaient, dans la mesure où Ann versait de l'huile et plus d'huile sur la flamme de son amour.

Et là se tenaient le vieux Tetzel et sa fille, et il était évident qu'ils estimaient avoir Herdegen en sécurité dans leurs travaux ; bien plus, il semblait assez probable qu'il avait exécuté les ordres de son oncle et qu'il était déjà fiancé à elle. Cependant cet étrange amant n'avait jusqu'alors jeté aucun regard affectueux sur sa bien-aimée.

Que devrait-il advenir de tout cela ? Comment pourrais-je jamais trouver la paix et le réconfort dans un monde aussi pervers, et au milieu de cette feinte qui avait bouleversé tout ce qui jusqu'alors semblait juste ? De quelque côté que je me tournais, il y avait des choses que je n'avais pas envie de voir, et les saints savent bien que je ne regardais pas autour de moi ; bien plus, que mes yeux étaient fixés sur deux petites taches bien visibles : les deux gouttes de sang qui étaient tombées du doigt d'Ann et qui étaient maintenant deux taches sombres et rondes sur sa robe blanche ; et, à mesure que le crépuscule tombait, il me semblait qu'ils devenaient de plus en plus noirs et plus grands.

Enfin, à ma grande joie, monseigneur le duc se leva et fit semblant de partir ; sur quoi la fausse image disparut, et je vis Ann tendre la main avec un sourire sorcier à Junker Henning, pour qu'il l'aide à se relever.

Le souper nous attendait au Forest Lodge. Ma tante Jacoba a placé le duc au siège d'honneur à sa droite, avec Ann et Junker Henning à ses côtés. Elle envoya Herdegen à l'autre bout de la table s'asseoir près de son oncle, et Ursula loin de lui, vers le milieu ; jusqu'à ce qu'on voyît bien qu'elle ignorait toute alliance entre cette demoiselle et son neveu.

Pendant ce repas, mon écuyer n'avait guère de raisons d'être content de sa dame. Le jeu insensé commencé dans le jardin se poursuivait pourtant et je ne l'aimais pas, pas plus que la bravoure française de mon frère ; à table, il apparut vêtu d'un long vêtement rouge et bleu en étoffe de soie précieuse, avec une corde autour du milieu au lieu d'une ceinture, de sorte qu'il ressemblait pour tout le monde à la robe ample qui était portée par notre Magister et par beaucoup de dignes. citoyen lorsqu'il prend sa servitude dans son propre domicile.

En plus de tout cela, mon cœur était lourd du désir de mon propre véritable amour, et mes yeux se remplissaient de larmes à plusieurs reprises . J'ai également remercié les saints de tout mon cœur quand enfin ma tante a quitté la table.

Quand nous étions dehors, elle m'a demandé en secret si Ann avait bien joué son rôle ; ce à quoi j'ai répondu « Seulement trop bien ».

Herdegen aussi, aussitôt qu'il eut souhaité bonne nuit à Ursula, m'emmena à part et désira savoir ce qui était arrivé à Ann. À cela, je répondis en toute hâte qu'il ne se souciait pas de le savoir, dans la mesure où il avait rompu son serment avec elle. Là-dessus, il fut contrarié et répondit que les choses étaient telles qu'elles pouvaient rester ; mais qu'il était quelque peu étonné de constater avec quelle légèreté elle s'était remise de ce qui lui avait gâché bien des jours et des nuits.

Alors je lui ai demandé s'il l'aurait vraiment trouvée dans le malheur et le chagrin, et s'il aurait préféré que sa jeunesse soit attristée par amour pour lui ? Il intervint brusquement, déclarant qu'il savait très bien qu'il n'avait aucun droit de l'empêcher en quoi que ce soit, mais qu'une chose qu'il ne pouvait pas supporter, c'était qu'elle , qu'il avait vénérée comme une sainte, doive maintenant se rabaisser. pas plus noblement ni autrement que n'importe quelle autre servante. Sur ce, je lui demandai pourquoi il avait renié son saint ; bien plus, pour le bien – à ce qu'il semblerait – d'une servante qui était, à coup sûr, la plus mondaine de nous toutes. Et pour finir, je lui demandai hardiment comment en étaient les choses entre lui et Ursula ; mais la seule réponse que j'obtins fut qu'il devait d'abord savoir si Ann était sérieuse avec le Junker. Là-dessus, je dis en moquerie qu'il ferait bien de chercher la vérité jusqu'au fond de cette affaire ; et en montant les marches près desquelles nous nous trouvions, je lui ai baisé la main dès le premier tournant et lui ai souhaité une bonne nuit de sommeil.

Dans notre chambre, j'ai trouvé Ann très perturbée.

Elle, qui était d'ordinaire si calme, se promenait dans l'étroit espace sans s'arrêter ni s'arrêter ; et voyant combien ses craintes et sa conscience la tourmentaient, la pitié me força de renoncer à mon intention de ne lui donner aucun espoir ; Je lui ai révélé que j'avais découvert que mon cœur de Herdegen était pourtant le sien malgré Ursula.

Cela la réconforta quelque peu ; mais cela ne pouvait pourtant pas lui redonner la tranquillité d'esprit. Il me semblait que le travail impitoyable qu'elle avait accompli ce jour-là lui était revenu à présent ; elle ne put s'empêcher de pleurer lorsqu'elle avoua que Herdegen l'avait priée en secret de lui accorder un bref entretien avec elle, et qu'elle s'était résolue à le refuser.

Tout cela était dit à voix basse ; seul un mince mur de bois séparait la chambre d'Ursula de la nôtre. Jusqu'à présent, il n'y avait aucun espoir de dormir, car le bruit que faisaient ces messieurs lors de leur fête montait haut et fort par la fenêtre ouverte et, plus il grandissait tard, plus la voix de Herdegen et celle du Junker, surtout, devenaient plus fortes. . Et je savais quelle heure devaient indiquer les horloges lorsque mon frère criait plus fort que jamais le vieux refrain :

" Bibit voilà , bibit Hérus
Bibit miles, bibit clerus
Bibit ille , bibit illa
Bibit servus cum ancilla.
Bibit soror , bibit frater
Bibit anus, bibit mater
Bibit ista , bibit illé :
Bibunt centem , bibunt Milee ."

[L'héritier boit, le propriétaire boit,
Le soldat et le clerc, Il boit, elle boit, La servante et la fille. La sœur boit et s'en prend au frère,
La grand-mère et le gaffer,
Celui-ci boit , celui-là boit,
Cent boivent, mille !]

Ce n'était pas non plus la fin. La langue latine de cette chanson a peut-être incité Junker Henning à faire preuve de savoir de sa part, et d'une voix qui n'avait gagné aucune douceur de la forte bière brandebourgeoise - qui est appelée "Mort et meurtre" - ou du feu ardent. Hippocras qu'il avait bu, il chanta le vers gratuit :

"Par transit clerc
[Sous l'ombre du bois vert ;]
Invenit ibi stantent ,
[Une jeune fille belle et agréable;] Salve mi puella ,
[Salut, elle la plus douce;] Dico tibi vere
[Tu seras mon amour !]"

Le reste de la chanson n'était pas compris alors qu'Herdegen chantait également en même temps, comme s'il voulait faire taire l'autre :

"Belle Dame, oh, ma Dame !
J'aurais aimé être avec toi, Mais deux rivières profondes coulent entre toi et moi."

Et pendant que Herdegen chantait les dernières lignes :

"Mais le temps peut changer, ma Dame,
et la joie peut encore être mienne, et le chagrin se transformer en joie, ma très douce Elselein !"

J'ai entendu le Junker hurler « Annelein » ; et là-dessus un grand tumulte, et la voix de mon oncle Conrad, et puis encore beaucoup de tumulte et de mouvements de bancs jusqu'à ce que tout soit silence.

Même alors, le sommeil ne nous visitait pas, et ce que je faisais en bas me causait autant de chagrin que mes craintes pour mon amant. Il ne fait aucun doute qu'Anne non plus n'a jamais fermé les yeux, car lorsque l'émeute sous nous s'est si forte, elle a crié de douleur : « Oh, Vierge miséricordieuse ! ou "Comment tout cela finira-t-il?" encore et encore.

Non, Ursula ne dormait pas non plus ; et à travers le mur de planches, je ne pouvais manquer d'entendre presque chaque mot des prières dans lesquelles elle suppliait sa sainte patronne, la suppliant avec ferveur de lui accorder d'être aimée par Herdegen , dont le cœur depuis sa jeunesse avait été de droit le sien. seule, et invoquant la ruine de la fausse fille qui avait osé lui voler ce trésor.

J'avais vraiment peur d'entendre cela et, en vérité, pour la première fois, j'éprouvais une sincère pitié pour Ursula.

[Fin du premier tome original de l' édition imprimée]

SIGNETS DE L'ÉDITEUR ETEXT :

L'amour qui est capable et prêt à tout endurer
Merveille que nous laissons pour la plupart aux enfants et aux imbéciles

9 789359 945873

Printed at Repro India Ltd.